DANAS NAM JE DIVAN DAN

Copyright © 2018 Nataša Ćećez-Sekulić

Ova publikacija se u celini ili u delovima ne sme umnožavati, preštampavati ili prenositi u bilo kojoj formi ili bilo kojim sredstvom bez dozvole autora, niti može biti na bilo koji drugi način ili bilo kojim drugim sredstvima distribuirana ili umnožavana bez odobrenja izdavača.

ISBN: 978-1-7751681-0-2

Izdavač: Liminal World, Viktorija, Britanska Kolumbija, Kanada

Dizajn knjige: Irina Spica, www.spicabookdesign.com
Lektura i korektura: Dragana Ćećez-Iljukić

Štampano sa IngramSpark

DANAS NAM JE DIVAN DAN

NATAŠA ĆEĆEZ-SEKULIĆ

kćeri Irini

– Neka ide, neka ide, broj pet – izgovarao je izabrani sudija stojeći ispod ulične svetiljke, na pola puta između članova dveju ekipa.

Igrači sa tim brojem istrčavali su sa iscrtane linije i jurili po drvce koje je ležalo pred njegovim nogama. Trebalo je da ga se brzo dokopaju i tako prikupe poen za svoju ekipu.

Igra šibice bila je jedna od mojih omiljenih. Okupljali smo se, najčešće, pod prozorom mog stana i to, po pravilu, uvek predveče. Ulično svetlo, kao i ono koje je dopiralo iz stanova, produžavali su nam tada dan i omogućavali još malo vremena za igru.

Kad pomislim na svoje detinjstvo, ne sećam se dana u kojima je nije bilo. S jeseni, kada su padale kiše, vrzmali smo se po sobama, nekad i po podrumima ili u prolazu zgrade. Zime smo provodili na brdašcetu pored parkinga, malom ali nama sasvim dovoljnom, i za stazu sa skakaonicom i za slobodan spust. Proleća i leta pretvarala su naše ulice u velika igrališta. Negde smo preskakali lastiš, negde jurili za loptom, u parkiću smo pravili Evroviziju, a na parkingu kredom crtali kuće i primali nepostojeće goste.

Nikad mi nije bilo jasno kada nas neki stariji ljudi pitaju gde se igramo kad nemamo svoje dvorište? – Nije sigurno, svud je beton i postoje samo dve ljuljaške na ovoliko dece – nastavljali su da raspravljaju o stvarima koje ja nisam ni primećivala. Preskačući stepenice dvaju spratova zgrade istrčavala sam napolje kao da sa mnom kreće nova avantura iz serijala „Put u središte zemlje". Nailazila sam uvek na prostor pun živosti, a baš ta njegova neograđenost bila je moj prvi utisak o svetu.

Sve je u njemu bilo na svom mestu. Uvek sam, kao treće dete, imala društvo. Nisam se bojala početaka, ni vrtića ni škole, nijedno odvajanje iz poznate sredine me nije uznemiravalo. Pamtila sam tuđe kuće i stanove po mirisima, kolačima i slobodi koja mi je bila darovana. U nekima smo mogli da vičemo na sav glas, a da niko to ni ne primeti. U drugima smo izvoljevali i dobijali ono što se, kod kuće, ne bismo ni usudili da tražimo. Ono što je svaku posetu, međutim, činilo nezaboravnom bila je igra sa novim drugarima. U njoj je nepoznat prostor odjednom postajao moj drugi komšiluk. Pravila igre su mogla biti drugačija, ali se ona i tad svodila na isto. Bilo je važno da smo zajedno, da energija teče i da je mrak, koji dolazi, samo predah, nakon kojeg bismo nastavljali kao da se ništa nije zaustavljalo.

Isto danas primećujem i kod svog deteta. Ako smo pred spavanje pravile zgradu od kockica i napola je završile, prvo što bi ujutru izgovorila, i pre nego što zatraži mleko, jeste da moramo da nastavimo. Skočila bi iz kreveta i podigla jednu kocku stavljajući je na željeno mesto. – Vidiš, mama, kako je ova zgrada sad velika – rekla bi kao da smo malopre započele igru.

Iznenadim se uvek iznova kada slušajući emisiju na TV ili čitajući nečiji intervju u novinama saznam da je dotična osoba od deteta znala šta će da bude kad poraste. Ja se ne sećam ni da mi je iko postavio to pitanje. Sve i da jeste, sigurna sam da bih se zbunila. Niti sam znala da ću jednom i ja da porastem niti da to znači da tada nešto treba da budem. Onako slobodna i rasterećena, verovatno bih rekla da neću da porastem, a ako baš mora, onda hoću i tad da se igram. Bilo šta, bilo gde, bilo s kim.

Igra me je zanosila toliko da sam ulazila u svaku kao da je jedina. Volela sam, na primer, između četiri vatre. Mogle su i da budu dve, svejedno. Bitno je da je moje mesto u njoj uvek bilo unapred zagarantovano. Bila sam najčešće kapiten. To je onaj poseban, rezervni učesnik koji ulazi na teren kad suprotna ekipa već slavi pobedu i veruje da je još nekoliko poteza potrebno za kraj. Igrala sam svaki put do iznemoglosti, bez namere da se predam. Nikako mi nisu bili jasni oni koji su to voljno činili. Sedeli su radije po strani plašeći se lopte i čekali da se igra završi. Ja sam od onih koji su hteli nemoguće: da uvek pobede. I što je protivnik imao veću šansu, ja sam bila sve upornija. Mnogo puta sam ostvarila trijumf, pa sam s razlogom likovala pred svaki novi okršaj. Znala sam da ću biti među prvima kada se ekipe biraju, a i sama sam tražila sebi slične verujući da želja za pobedom dubi i najtvrđi otpor. Niko nije mogao da me ubedi da je rezultat unapred poznat, a time i moje učešće u igri suvišno.

– Kuda ćeš? – pitala sam brata koji je zgrabio ključ od podruma. Žurno je navlačio patike želeći da izađe iz stana što pre.

– Idem da vozim bajs. Treba svi da se nađemo na parkingu. Idemo krug ili dva oko naselja. Možda danas uspem da prođem sve izazove bez pada – rekao je sav ushićen.

– Mogu li ja sa tobom? – pitala sam ne čekajući odgovor. Zvučalo mi je zanimljivo, pa sam žurila u toalet dobacujući mu da me sačeka.

– Ne možeš ti. Ovo nije za devojčice – čula sam za sobom.

– Molim?! – ukopala sam se u mestu.

– Pa stvarno, nema nijedne. Ekipu čine samo dečaci.

Iako moj brat nije delio igre na one za devojčice i one za dečake, jer smo se uvek zajedno igrali, ovog puta se distancirao. Kada su u igri bili stariji, nije znao šta će reći ako se ja pojavim. Vršnjaci su znali da nas dvoje idemo u paru, ali starija garda je imala svoja pravila.

– Idem, čekaj me! – nisam odustajala.

Pojavili smo se na parkingu u dogovoreno vreme. Nismo mogli oboje da se pridružimo grupi, jer smo imali samo jedan bicikl. To me, međutim, nije sprečilo da saznam kakva je igra u pitanju. Ako mi se svidi, jedan put može da ide on, drugi ću ja. Videla sam kako me neki gledaju i razumela da ne odobravaju moje prisustvo, ali sam za takve bila unapred spremna. Moji roditelji su tu odigrali veliku ulogu. Vaspitavali su nas pod geslom da svako odlučuje dokle će u životu da dobaci. – Niko ne treba da ti govori gde je tvoje mesto, to moraš da nađeš sama! – ponavljao je moj otac barem tri puta nedeljno. U odrastanju, u svojoj kući, nisam osetila da nešto ne mogu ili ne smem zato što sam devojčica i zbog toga sam uvek grubo i tvrdoglavo reagovala na svakog ko bi pokušao da me ubaci u tu fioku. Bila sam spremna da se verbalno usprotivim, ali i rešena da se dokažem, kako bih svakom zatvorila usta. Na moju sreću, često nije bilo mnogo prigovaranja. Osim toga, našla bi se tu još koja devojčica poput mene, pa sam ulazila u igru nekad lakše nego što sam očekivala.

Sa ove distance gledano, te vožnje su bile – od onih za koje kažu da samo deci padaju na pamet

– nepredvidive i riskantne pustolovine. Započinjali bismo uz strmu ulicu jedni pored drugih, niz drugu smo se spuštali podignutih ruku. Nastavljali smo prateći izabranog vođu, a on je birao sve teže izazove. Vozili smo preko peska i kamenja, zavlačili se točkovima u grmlje, prelazili uzbrdice i nizbrdice. Srce je sve vreme tuklo kao da će da iskoči, ali niko nije pomišljao da odustane. Pratili smo jedno drugog ne obazirući se na napore. Završavali smo pedalirajući poslednjim atomima snage i to preko prljavih baruština koje je kiša ostavila za sobom. Ako bismo ceo krug prošli bez pada, onako štrokavi i izgrebani, dobili bismo priliku da se samoprozovemo izabranima. Ja sam se tako i osećala. Nakon trke su se drugačije ponašali svi oni koji su posumnjali u mene, a meni je, najviše od svega, značilo to što sam potvrdila da je moj otac zaista u pravu.

    I u vrtiću i u školi provodila sam dosta vremena na pozornici. Birali su me za recitatora, pevača, plesača ili voditelja i ja sam, u svim priredbama, rado učestvovala. Nisam sebe, pritom, zamišljala kao lice sa TV i nikad nisam razumela oduševljenje sa kojim bi ljudi komentarisali nekog sa ekrana. Pratila sam mnoge nedeljne emisije, serije i filmove, ali su na mene poseban utisak ostavljali obični ljudi, najčešće deca, svi oni koji su učinili nešto vredno pažnje i divljenja. Htela sam da budem kao i većina mojih vršnjaka tada: hrabra, mudra i od pomoći.

Ima, ipak, jedna emisija sa TV koja je bila izuzetak i za koju bih se, da sam mogla, prijavila i tad. Maštala sam da sam nekim čudom izabrana i sama ta pomisao mi je već donosila dovoljno uzbuđenja. Emisija se zvala jednostavno - „Igre bez granica". Takmičile su se ekipe različitih zemalja, jedna protiv druge. Postojalo je nekoliko disciplina koje je trebalo savladati bez greške ili za određeno vreme. Igra je bila napeta od samog početka i tražila je od učesnika kako fizičku spremnost i spretnost tako i duh koji se ne predaje lako. Svaki potez je bio važan. Doživljavali smo ih ozbiljno gledajući takmičenje kao da nam život zavisi od postignutih poena. U mojoj kući, među nama troma, poraz je bio neprihvatljiv. Koliko vike, koliko suza smo prolili kada je ekipa naše zemlje gubila?! Skakali smo sa fotelja, ometali rukama igrače suprotnog tima ne bi li pali ili pogrešili, crtali smo prstom po ekranu pokazujući našim saigračima kuda treba da idu i molili nebo da zaustavi vreme na semaforu da bismo imali vremena da završimo igru. U pobedi, sve je bilo drugačije. Kipteli smo od radosti, ale-ale orilo se sa terase. Smejali smo se kao opijeni i odlagali da odemo u krevet, jer od uzbuđenja nismo mogli da zaspimo.

Već sutradan bismo u kraju ili na času fizičkog igrali svoje igre bez granica. Ideje su prštale sa svih strana; gde se treba provući, šta preskočiti, zaobići, koliko puta udariti u stub i doneti drvce nazad do saigrača. Panika i zbunjenost s jedne, dobacivanje i bodrenje s druge strane. Sve je ličilo na ogromnu košnicu, a pojedinačno uhvaćeni pokreti tela i izrazi lica na neiscrpnu radost trenutka. Igra je oslobađala ono najbolje u nama. Jedan je pokazivao izuzetnu dovitljivost u preskakanju prepone, drugi je znao da drži ekipu na okupu i motiviše je da istraje. Treći je svojom nespretnošću unosio smeh od kojeg smo, bukvalno, padali na zemlju. Graja je bila sveprisutna, a mi toliko zaneseni da nismo marili za to ni koliko je sati, ni koji je dan u nedelji. U stvarnost nas je vraćalo dozivanje neke od majki sa balkona ili školsko zvono za kraj časa.

– Samo igrajući se možeš da porasteš – rekla sam nedavno svojoj devojčici kada me je upitala kad će i ona da ide na posao. I u tom razgovoru sam se setila onog čuvenog pitanja. Nisam želela da propustim da joj sutra kažem šta je prvo htela da bude kad poraste. Odgovor me je iznenadio. – Sneško Belić – rekla je ozbiljno. Ono što mi je odmah palo na pamet je njena, ali i globalna, zaluđenost Diznijevim crtanim filmom, „Zaleđeno kraljevstvo". Tu je, naime, videla Sneška Olafa. Bila je toliko opčinjena da je poželela da za „Noć veštica" nosi njegov kostim. Nije još velika da može da prati radnju filma, likove i njihovu ulogu u priči, pa mi je donekle jasno zašto nije izabrala da bude jedna od sestara kraljevstva Arendela. Mada, druge devojčice, njene vršnjakinje, sve nose dvorske haljine, cipelice i tijare. Na svakoj aktivnosti ili proslavi po jedna Elsa ili Ana. I moja kćer ima dugu kosicu i voli šnale i trakice, od skoro samo traži haljine i moli me, tako nežno, da joj namažem nokte. Sva ženska energija vrca iz njenih očiju. Uprkos svemu, ona neće da bude princeza nego Sneško. Ali zašto Sneško, pitala sam se. Možda joj nedostaje sneg, videla ga je samo na televiziji i u dečjim emisijama, pomislila sam. Iako je trenutno zima u Kanadi, snega nema. Mi živimo u gradu u kojem on nije uobičajena pojava. Tu tople pacifičke struje i tokom zimskih dana donesu vedro nebo i dah jeseni. Možda joj skulptura od snega deluje bajkovito, pokušala sam da izvučem odgovor iz nje. Nije ni to. Naposletku sam se predala i upitala je zašto, baš, Sneško Belić? – Zato što se Sneško Olaf samo smeje i pleše – rekla je bez razmišljanja. Svidelo mi se to što sam čula, ali me je i podstaklo da se zamislim i nečeg važnog podsetim: Sva lepota života često stane u pokret i smeh voljenih.

Odrasla sam na jednoj adresi. Sva moja uža i šira porodica živela je, kako su mi pričali, uvek na istom mestu. Sećam se njihovih razgovora u kojima je svako isticao vezanost za svoj kraj, što je meni bio povod da zaključim da svi ljudi žive tamo gde žele i onako kako žele.

– Ne bih ja mogla bez rijeke pod kućom, svoje bašte i guvna – govorila je moja tetka, tatina sestra.

– Nama je centar Beograda na manje od sat vremena vožnje – dodavala je mamina familija. Ona je već stotinama godina usko vezana za okolinu grada.

– Eto nas za tren, kad poželimo. Ovde imamo svoj mir i svud smo začas. Sa svima se poznajemo i razumemo.

Beograd je za moje roditelje bio poslednja stanica puta. Oboje su u njemu tražili i našli ono što im je negde nedostajalo: mama slobodu kretanja, a tata mogućnost izbora i samoostvarenje. Godine koje su prethodile mom rođenju bile su im obeležene učenjem, radom, lišavanjima i stalnim preseljenjima. Kada su se, najzad, jednom ulogorili, više nisu pomišljali na nove pokrete. Nagon za promenom je poput reke ponornice najpre nestao sa vidika, da bi se pojavio u drugim oblicima, u zahtevima koje je od njih tražilo kućenje i podizanje petočlane porodice.

I ja sam, poput svojih rođaka, živela oduvek na jednom mestu, bez mogućnosti da zamislim drugačije postojanje. Kad malo bolje razmislim, da me je neko onda pitao, ja bih, kao svako dete, otišla korak dalje i rekla: pre mog rođenja ništa nije ni postojalo. U stvari, postojali su moji roditelji, moji brat i sestra, nekako i mnogi drugi, ali se moj grad, onakav kakvim ga ja vidim, rodio sa mnom. Otkrivala sam ga deo po deo prihvatajući lako i oberučke sve što je nosio. Kao da su se u tom poduhvatu naša bića stopila, osećala sam njegov puls i do danas po njemu, onako za sebe, prepoznajem gradove koji su mu nalik.

– Tačno znam o čemu govoriš – rekla mi je prijateljica kada sam joj to pomenula vrativši se s puta iz Amerike. Ostala sam očarana Njujorkom.

– To je onaj prepoznatljiv huk – dodala sam.

– Da, znam. Tu ga osetiš – pokazivala je na predeo srca.

– Baš tu. Neke gradove najpre čuješ u sebi, a tek onda ih uhvatiš okom. Ovaj naš je takav.

Beograd nije od onih mirnih i distanciranih gradova. Njemu ne moraš da se prikradaš. On te svojom vrevom vuče da u njega zaroniš. Znam mnoge kojima je, kad su ga prvi put upoznali, prvenstveno zbog ritma, izmamio uzdah divljenja. E, taj zvuk je, za mene, kao jezik čije reči, i pre nego što shvatim šta znače, razumem po onome što izazivaju u meni.

– Nego...daj ti meni da otputujem u Njujork da se i sama uverim – skretala je razgovor na drugu temu. Žudela je za kretanjem, ali tu žeđ nije mogla da utoli.

Slika moje sobe je prva važna slika Beograda. Tu sobu smo uvek zvali dečja, čak i kad smo porasli. Izgledala je onda kao mnoge druge: kreveti na sprat i još jedan pride, radni sto sa stolicom na rasklapanje, luster koji je imalo pola naselja, ali u drugačijoj boji, sa zavesama i slikama po maminom izboru. Meni su predmeti ionako bili nevažni i nisam se posebno vezivala za njih. Bilo mi je svejedno da li su kreveti okrenuti ovako ili onako, jesu li na zidu tapete ili je okrečeno, imamo li tepih ili je samo prostrta staza. Faze su se smenjivale, ali ono što je tu sobu činilo posebnom bilo je prisustvo vedrine i uzbuđenja. U jednom trenutku kreveti bi postajali skakaonice sa kojih smo se, poput Mati Nikenena, stropoštavali na gomilu jastuka poređanih po podu. U drugom, zamotani u ćebe, dočaravali smo ekipu naše zemlje koja upravo vozi bob u finalu Olimpijskih igara. Tu smo postajali doktori, automehaničari, modni stilisti, tu smo lepili sličice u albume i slagali pazle do kasno u noć. Taj prostor smo zvali svojim i moji roditelji nisu zalazili u njega bez razloga, posebno ako bismo namestili krevete na vreme i vratili igračke na svoje mesto. Delili smo ga sa rođacima i decom koja su nam dolazila u goste, na rođendane i raspuste. Ni tada u njemu nije bilo tišine i stegnutosti. Nijedno – budite tihi – nije uspevalo da zaustavi silinu našeg smeha, padanja i dizanja, prevrtanja i skakanja. Koliko smo, gledano sa strane, bili nesnosni, pročitala sam mnogo godina kasnije na licu moje komšinice sa donjeg sprata. Na svako moje – dobar dan ili dobro veče – ona je gledala kroz mene, negde u daljinu, bez želje da zaboravi ili oprosti glavobolje koje je zbog buke trpela svakodnevno.

 Slika sobe proširila se ubrzo na prostor ispred moje zgrade, okolne parkiće, parking, terene, pa na ulice koje su vodile do autobuske stanice i druge strane naselja. Moj svet se širio veoma brzo i voljno sam se upuštala u njegovo istraživanje. Nije trebalo da me dvaput pitaju ili gurkaju.

 Jednom sam sedela sama ispred zgrade čekajući da prođe popodnevni odmor i da moji drugari siđu da nastavimo tamo gde smo stali pre ručka. Naišla je, u pratnji mame, moja vršnjakinja iz susedne zgrade.

– Ćao, otkud ti? – pozdravila me je.

– Evo čekam da neko siđe. A ti, kuda ćeš? – videla sam da ima posebnu odeću i torbu na leđima.

– Hoću da igram folklor, pa idem sa mamom da me upiše u grupu – dodala je.
– Folklor? Šta je to? – pitala sam iskreno, nisam imala pojma o tome.
– To je ples sa narodnim nošnjama. Igraju i dečaci i devojčice, uvek neko usput i svira – izgovorila je u dahu.
– Hoćeš li i ti sa nama, da vidiš, možda ti se svidi? – ponudila mi je njena mama.
– Moram da pitam mamu – rekla sam. U trku sam dotrčala ispod terase i vikala na sav glas, zaboravljajući tada da popodnevni odmor još traje: MA-MA!

Izašla je vrteći glavom. – Zašto vičeš?
– Treba da te pitam. Mogu li da idem sa komšinicama – pokazivala sam u njihovom pravcu – na folklor. Idemo kolima i vratiću se sa njima.

Mama je pogledala u pravcu moje ruke, otpozdravila komšinicu sa osmehom i ja sam već bila na sedištu spremna da krenem na mesto za koje, do malopre, nisam ni znala da postoji.

Beograd je godinama, uporno i nezaustavljivo, kucao na moja vrata. Nekad je donosio velika iznenađenja, nekad su to bile sitnice, ali bi me uvek obradovao. Pamtim hiljade naših susreta. Nijedan ne može da se uporedi sa drugim. Sa svakim sam doživljeno duboko utisnula u sebe i nosim ga kao nasleđe.

DANAS NAM JE DIVAN DAN

Mislim da smo brat i ja išli u bioskop „Central" u Zemunu da pogledamo film o kojem su svi pričali: „Isterivače duhova". Stajali smo u redu prepunom dece našeg uzrasta i čekali da se otvore vrata dvorane. Nisam zapamtila ko nas je u tu avanturu vodio, niti se sećam da li smo uspevali da pročitamo sve titlove sa velikog ekrana. U glavi mi je samo slika dvoje klinaca koji su završetak filma dočekali na nogama i u ritmu pesme od koje mi se i danas telo pokreće. Glumili smo posle danima da smo u sličnoj ekspediciji i pravili specijalno oružje od tatinog gornjeg dela pidžame, koji smo navlačili na onu dugu četku za brisanje plafona. Hodali smo na prstima po stanu, otvarali vrata ormara ili soba i, uz smeh, zamišljali da dobijamo boj protiv strašnih demona.

Stajala sam na Zelenjaku i čekala mlađeg brata od ujaka. Konačno je stiglo vreme da i ja, kao starija sestra, povedem meni dragog u avanturu. Išli smo na klizanje u halu „Pionir". Prebacila sam sličuge preko ramena i nabacila osmeh da svi vide kako se radujem. Brojali smo stanice spuštajući se autobusom niz Ulicu 29. novembra. Jurili smo u svlačionicu da se pripremimo i pridružimo onima na ledu. Umesto da pravimo piruete, padali smo čitavo veče osramoćeni pred klincima koji su nam uletali u makazice. Jedan nula za vas – govorila sam sebi u bradu – videćemo se sledeće nedelje.

Gardoš i mali amfiteatar na otvorenom mesto je na kojem sam se sastajala sa vršnjacima pre nego što je tamo zaživela Letnja pozornica sa izvrsnim pozorišnim predstavama. U podnožju kule je radila mala galerija, a vrtlog stepenica je vodio do balkona sa kojeg se pogled pružao daleko prema reci. Čitav ambijent je odisao nekim davnim vremenima u koja smo uskakali kao da smo u glavnoj roli nekog filma. Nekad sam sa drugaricama tumarala unaokolo i hvatala foto-aparatom prve samostalne zapise. Drugi put sam dolazila da slušam mlade demo bendove. Jednog se sećam sa posebnom emocijom. Bili su osnovci, moji vršnjaci, a svirali su svoje pesme. Pomagao im je mladi nastavnik muzičkog vaspitanja iz njihove škole i podsticao ih da ne odustanu od svojih snova. Prateći ih i pevajući s njima uglas, preletala sam, u mislima, onu granicu koju su nam postavljali odrasli i zalazila tako u prostor nemogućeg.

U prvom razredu gimnazije imala sam društvo koje me je prihvatalo uprkos razlici u godinama. Tešila sam se da sam to zaslužila načinom razmišljanja i stavovima. I onda, kao da je to nešto uobičajeno, pozvali su me da u nedelju ujutro odemo na Berzu ploča u SKC. Meni je, uistinu, taj poziv bio nešto poput testa za punoletstvo. Titrala sam od uzbuđenja. I danas pamtim kako su se moji roditelji iznenadili što sam ustala te nedelje, tako rano. Inače su prigovarali, jer smo se budili u vreme koje ne dolikuje vaspitanima i odgovornima. Ja sam malo lagala da radim nešto za školu i da je to jedini slobodan termin u danu kad možemo svi da se nađemo. Prihvatila sam i obavezu da u prodavnici, u povratku, kupim potrepštine za kuću. – Ma, sve ću, može, pa naravno. – Konačno se dozvala pameti – čula sam za sobom. Jurila sam da ne zakasnim i da stignem u dogovoreno vreme pred Beograđanku. Berza ploča je jedina pijaca gde nisam osećala neprijatnost zbog cenkanja i pokušaja da tvrdim pazar. Sviđala mi se ta igra. Jedna strana je nudila grudu zlata koju je iskopala u krčenju svog sveta i zato nije žurila da je proda bilo kome i što pre. Prvo bi te malo iscimala sa pitanjima da vidi ima li nade za tvoj prodor. U tom zlatnom grumenu se, mada i ne slutiš, krije novo otkriće. U njemu se reči i note pretaču u slike, koje će uskoro postati i tvoja baština. Ali, budi bez brige, nema te nove ploče koja će onu staru da obriše bez traga, sve ljubomorno čuvaju svoje mesto i čas otkrića. Svaka je, zapravo, samo tajni znak po kojem se može prepoznati senzibilitet i težnja tvog bića. Odrastaš uz njih, stepenik po stepenik, krećući se nekad naviše, a nekad u dubinu.

Došao je red i na moj prvi beogradski FEST i drugačiji susret sa sedmom umetnošću. Stariji drugari su bežali sa časova kako bi stigli da kupe karte čim se otvore vrata biletarnica. Nalazili bismo se kasnije ispred dvorana i utapali u duge kolone zaljubljenika u film. Stajala sam u masi i slušala nečije kul očeve koji su se raspitivali o projekciji. Nisu ni slutili kako u mojim očima dobijaju oreol idola. Ovaj ćale kapira koliko je ovo prava stvar, mislila sam. Te godine, u ponoć gledala sam „Noć na zemlji" Džima Džarmuša i stekla utisak da prisustvujem najuzbudljivijem događaju u gradu. Toliki su se grčili da uđu unutra i osete deo te atmosfere. Jedna devojka me je vukla za rukav na ulazu u Centar „Sava" unoseći mi se u lice. – Hajde, mala, ti imaš još vremena, daj mi prodaj svoju kartu. Sala je bila krcata, ljudi su popunili i mesta na podu, u prolazu, između redova. Sve vreme je i tokom projekcije bilo živo, a onda je, na kraju, odjeknulo. Prolomio se aplauz praćen izlaskom autora filma na binu. Hej Beograde, ta slika?! Kakva bi to bila razglednica da je nekom palo na pamet da je ovekoveči i hrabro postavi na štand sa suvenirima! U vremenu bez smartfona i selfija, ja sam u sebi ponela taj prizor kao jednu od mojih dražih slika poslednje decenije 20. veka.

Mogla bih da izvučem iz sebe mnogo takvih susreta. Potrebne su tek sitnice da me podsete na one za koje mislim da sam ih, u međuvremenu, zaboravila. Neki susreti su mi ne samo mesta prepoznavanja sa rodnim gradom, nego i tačke otkrivanja sopstvenog bića. U njima kao da je vreme stalo, a potom se razvuklo pred silinom mojih utisaka. Zapamtila sam ih po nečem nepoznatom što su, u meni, tada dotakli ili probudili, a čime su me pripremili za drugačije priče. Nakon toga nisam mogla nazad, čak i kad sam to želela. Otkrivši to svoje novo lice, odjednom sam pronalazila i svetove koji su mi, do tada, ostajali skriveni.

U gradu mog detinjstva živeli su jednostavni i poverljivi ljudi. Delila sam ih na one koji su nam ulazili u kuću, jer su se moji roditelji družili s njima, i sve druge. Ni prema njima nisam imala nikakvo podozrenje ili predrasudu, ali ni posebno interesovanje. Nisam od one dece koja su vreme provodila uz odrasle. Često mi je bilo nelagodno u njihovom prisustvu, pa sam čekala trenutak da, nakon pozdrava ili upoznavanja, dobijem dopuštenje da zbrišem u sobu ili odjurim niz stepenice, u svet koji sam zvala svojim.

Ima nekih sitnica kojima onda nisam pridavala posebnu važnost. Kasnije, pak, kad su se odnosi i među bližnjima promenili, sećala sam ih se kao detalja iz nekog vremena koje sam zvala mirnim i detinjim. Kao i većina porodica iz našeg okruženja, mi smo išli svake godine na letovanja i u posete rodbini. Obožavala sam te trenutke i čekala ih kao najlepši deo raspusta. Prethodili su im završetak školske godine i podela knjižica, raspremanje stola i knjiga za sledeću godinu, na čemu su moji roditelji insistirali odmah po završetku razreda, i ona generalna čišćenja stana u kojima smo učestvovali bez prigovaranja. Kad bi se sve dovelo pod konac i zatvorili koferi, moji roditelji su pred polazak pili kafu preslišavajući se da li je sve na mestu, jesmo li sve poneli, svima se javili, platili šta treba i sl. Tata je onda zavrtao ventile za vodu i odvrtao osigurače za struju na razvodnoj kutiji iznad ulaznih vrata, a mama je spuštala roletne i vadila rezervne ključeve stana. Poveravala ih je prvim komšijama, onima koji su živeli tik do našeg stana i sa kojima smo delili zid u predsoblju. Zanimljivo je da oni nisu bili deo one grupe koja je kod nas redovno dolazila, ali ni u jednom trenutku nije bilo sumnje hoće li im ili ne poveriti ključeve stana. – Za nedajbože, uzmi i imaj! Ako zatreba, ovde su telefoni gde nas možeš pronaći – govorila je moja mama i zahvaljivala unapred. Nikad se ništa nije desilo, ali se svake godine scena ponavljala. Bilo je posve uobičajeno da ti prvi komšija, u tvom odsustvu, pokupi poštu, zalije cveće i provetri stan.

 Prisnost među ljudima je bila deo svakodnevice. Neke komšinice bi samo pokucale, uhvatile se za bravu i zasele kod mame u kuhinju, na pušačku pauzu. Ili bi donele tati peglu da je popravi, naručile da i njima, ako može, kupi povrće na pijaci. Uz kafu bi se razgovor

proširio i produžio i meni se tada činilo da niko ništa nije krio.
 Sećam se pridike sa kojom me je komšinica, kao da mi je prvi rod, jednom dočekala ispred vrata stana. Nisam ih dobro zaključala i ona ih je zatekla širom otvorena. Ušla je da proveri da se nešto nije desilo i shvatila da je u pitanju samo nepažnja. Pozvala me je preko terase. Mirnim, ali prodornih tonom, kritikovala me je ne zbog brzopletosti nego zato što je proveravajući stan primetila da kreveti nisu namešteni. – Zar mama već nema dovoljno posla nego sad kad se vrati treba i to da zatekne? – postidela me je, pa sam je mesecima posle zaobilazila u svakoj prilici.
 – Dobar dan, otkud vi, kako ste? – zastala sam nasred ulice, susrevši se sa čovekom koji je obeležio veliki deo mog detinjstva.
 – Jao, sine, jedva sam te prepoznao?! Kako si, šta radiš? – govori sa najširim osmehom i u želji da sazna svaki detalj.
 – Zar već ideš u srednju školu?! Lepo! A kako ti je baka? – nastavlja nižući podatke koji bi prošli kao poverljivi: imena, mesta življenja, mesta zaposlenja. I pita me za ujku i ujnu, redom koga god se seća.
 Pričam mu i da smo u međuvremenu postali brojniji, jer imamo i psa-ženkicu i da nas sad pola naselja zna upravo zbog nje. – Ne biste se dobro proveli da ste na njenom terenu! – smejemo se uglas. Ja i ne gledam više u pravcu stanice, jer znam da je autobus

otišao. Ne mari, doći će drugi. Ovo se ne propušta: dobrodušno okruglo lice, poznate oči koje se smeju i prijateljski ton. Kako se oteti takvom trenutku?! I onda se rastajemo kao najbliža familija, sa osmehom i pozdravima za sve.

Gleda i sluša sve to moja drugarica i ništa ne razume. Videla je i upoznala tolike iz moje šire porodice, slušala o mnogima koje nije još imala prilike da lično vidi, ali ovog čoveka ne ume da postavi na mesto.

– Ko ti je to? – pita me.
– Čovek ti se predstavio, zar se ne sećaš?
– Znam, ali ko ti je on? – uporna je.
– Kad sam bila klinka, on je bio naš poštar. Znaš kakva ljudina?! – silna emocija bezbrižnosti istiskuje ove reči iz mene. Ne znam kako su drugi ljudi njega doživljavali, ali kod nas bi uvek ušao i, uz posluženje, moji bi se s njim ispričali kao da smo rođeni.

– Tata mi je uvek ostavljao novac da mu platim račun za telefon, nekad se to tako plaćalo. I tad sam naučila da kažem da zaokruži cifru ili da je tata rekao da ne treba da vrati kusur. Uvek je bio susretljiv i nasmejan – brbljam koješta, jer mi slike same naviru. Jedva čekam da se vratim kući da podelim novost sa svojima.

Ja nisam onda doživela da po nekog dođu kolima pred školu ili posle ekskurzije, a da i mene ne pitaju hoću li sa njima. U prodavnici, kad ne bih imala dovoljno, verovali su mi na reč da ću začas doći sa novcem. Nekoliko puta sam ostavila ključeve ispod otirača, jer mi se nije dalo da čekam brata da se vrati iz komšiluka. Možda sam i mislila da ih tamo niko neće tražiti?! A šta i ako ih nađe?! Imali smo i tu slobodu da barem tri puta godišnje kucamo na sva vrata u naselju i skupljamo staru hartiju. To su bile one čuvene radne subote u kojima smo se takmičili sa drugim razredima u količini papira koji ćemo prikupiti. Uzimali smo pokretna kolica iz lokalne samoposluge i u grupama išli od zgrade do zgrade, zvoneći i u vreme popodnevnog odmora, po nekoliko puta na isti broj. Niko me nikad nije izvređao, niti podigao glas. Nepoznati ljudi su otvarali vrata u potkošuljama, držeći novine pod pazuhom, žene sa viklerima na glavama ili sa varjačom u ruci, ali bi čuli pitanje i iskreno odgovorili.

Nije ni čudo što sam svet doživljavala kao sigurno mesto. Svuda oko sebe sam videla red koji sam lako razumela i prihvatala. I odrasli, a i mi klinci, imali smo neka zaduženja. Sećam se da je tata zimi, iako nije palio kola svaki dan, izlazio u dogovoreno vreme i čistio sa komšijama prilaz zgradi. Danas on, sutra komšija sa trećeg, svi su imali porodice koje su, na putu do posla ili škole, tuda prolazile. Niko nije ni pomišljao da se ogluši o poziv da pomogne. – To je naš prag, to su naša deca, naša odgovornost – slušala sam kako su govorili. Mi deca smo subotom ujutru imali radne akcije koje je delimično nadgledao komšija sa prizemlja. Čistili smo prilaz, projurili bismo stepeništem u potrazi za otpacima, prijavljivali svetla koja ne rade, brisali prozore na ulaznim vratima i pomagali oko uređenja cvećnjaka pred zgradom. Oslanjali smo se jedni na druge, računali smo jedni na druge.

Mislila sam dugo vremena da je ovakva prisnost među ljudima bila karakteristična samo za podneblje u kojem sam odrasla. Uvek ljudi vole da podvuku kako se kod nas na poseban način neguju odnosi i ceni srdačnost. Uverila sam se da to nije istina. Mnogo ljudi koje sam usput sretala, i na evropskom i na severnoameričkom kontinentu, priča istu priču. Tolike vekove smo izgurali, jer smo bili upućeni jedni na druge. Čovek se oseća jačim kad zna da ima oslonac, posebno ako je on u čoveku pored kojeg živi. Poznanica iz parka mi je više puta napomenula da oni ranije nisu zaključavali vrata, ni od kuće ni od kola. Verovali su jedni drugima i bilo je svejedno čiji roditelji će da povedu ili pokupe klince iz škole. Tek kasnije, kaže, unazad tridesetak godina, ljudi su počeli da se drže podalje jedni od drugih i da budu sumnjičavi. Iznikao je tako, zaključismo, na celoj planeti nov svet, nov red u kojem odsad uvek postoje neki mi i neki oni.

Možda me je lekcija poverenja zatekla ovih dana, pa se samo preispitujem. Moja devojčica je nedavno krenula u vrtić i to je uzburkalo našu svakodnevicu.

Taman kad sam pomislila da smo savladale najteže, da mogu da predahnem i opustim se, stigla je promena. Sad obe prolazimo kroz novo, osetljivo doba. Vidim kako radoznalo gleda drugu decu i prati šta rade. Oponaša ih i učestvuje i onda kada ne razume šta govore. A opet, drži i mene na oku. – Budi tu – govori mi svako jutro i ne zna kud bi, sa mnom ili s njima. Volela bih da mogu da joj objasnim da se i sama slično osećam, da sam i ja na klackalici želja da bude tu, uz mene, ali i da slobodno istražuje prostor koji je samo njen i neophodan da bi porasla. Moram, međutim, da verujem da je sada na mestu u kojem je sigurna i voljena. Hoću da verujem i zato brišem suze kad je ostavim u vrtiću i prizivam sav mir kako bih se opustila.

Poverenje je ogromna energija i zalog je ljubavi i radosti. U mojoj užoj i široj familiji ono je bilo bezgranično. Ja sam, otkad pamtim, provodila deo zimskih i letnjih raspusta sa svojim rođacima, daleko od očiju roditelja. Nigde se nisam osećala kao stranac. Kuću svog ujaka, maminog brata i tetke, tatine sestre, doživljavala sam kao svoje. Za njih vezujem najlepše slike i najjače utiske tokom odrastanja.

Baka je spremala i pet različitih doručaka da bi svim unučićima zadovoljila želje. Ujku i ujnu su svi znali u gradu i mi smo uvek imali propusnice za bazen, tetu u kiosku za stripove na crtu, poziv da probamo kuglanje, odemo na sladoled, vašar ili u posetu daljoj rodbini. Braću od ujaka sam doživljavala isto kao rođenog brata. Sve smo delili, spavali u istoj sobi, igrali se u istim ekipama, sedeli jedni pored drugih na porodičnim slavljima. – Indijanci – oslovljavao nas je ujka onako đuture i podržavao čak i kad smo besneli. Kod njega je uvek bilo dozvoljeno tražiti preko hleba pogače. Sećam se da nas je sa jedne svadbe odveo u poslastičarnicu, preko puta hotela, na tulumbe. – Zar pored toliko kolača i torti vi bezobrazno tražite još?! – preteći su negodovali ostali podižući, preko njegovih ramena, prst umesto pruta. – Eto, deca tražila. Pustite decu! – odmahivao je bez puno objašnjenja, zaklanjajući nas od ljutih pogleda i pridika.

Tatine smo ređe viđali, tek jednom godišnje. Živeli su dalje i zbog toga je svaki odlazak tamo donosio uzbuđenje. Nekad smo išli kolima, svi zajedno, a nekad bi tata, brata i mene, odveo vozom. Sačekao bi nas dobro poznati prizor: velika kuća, voćnjak, bašta, gumno sa štalom, radionica mog teče, zemlja na kojoj se radilo. Tamo sam prvi put imala kontakt sa domaćim životinjama i brigom za njih, gledala kosidbe i pravljenje stogova sena, slagala drva za zimu, gazila šljive, probala dud i pratila tetku kako mesi hleb i razvlači one, divne pite. Za tili čas bi se saznalo da smo stigli i već bi nas rođaci povlačili sa sobom u svoje igre, vodili na plivanje na reku, u ribolov, po vodu na izvore koji su tekli iz stena. Zvuk voza koji tutnji, paprat pod prstima, svici u mrkloj noći i miris pokošene trave i danas me, u trenutku, prenesu na to mesto koje, kao takvo, postoji samo u mom sećanju.

Pamtim trenutak kada sam dobila ključ na lastišu da ga nosim oko vrata. Kako sam sebi bila važna?! S polaskom u školu naučila sam kako se podgrejava ručak, uključuje mašina za veš ili popunjava uplatnica za plaćanje računa u banci. Nije bilo ni pod kakvom sumnjom da za to nisam sposobna i da ne znam šta je ispravno da uradim.

Poverenje su mi ukazivali i nastavnici birajući me za razne role na časovima, školskim takmičenjima i priredbama. Naravno da je postojao strah kad sam izlazila pred okupljene roditelje ili nastavnike i đake da plešem, čitam deo programa, salutiram u ime svih četvrtaka Pionirskog odreda „Boško Buha", pevam solo u partizanskoj pesmi predstavljajući razred, pa i školu. Ali samo učestvujući, naučiš da se sa svim nosiš. Uz podršku onih koji su me vodili, ja sam istupala hrabro i učila na greškama. Prizivala sam tako prilike u kojima sam, sa svakim novim nastupom, išla korak dalje.

Za mene život nije bio nemilosrdna borba o kojoj smo učili u školi ili je gledali na filmovima. Verovala sam da je sve strašno ostalo u vremenu pre mene i da je sad samo deo istorijske čitanke. Preda mnom je stajao velik i miran svet. Iščekivala sam nov dan s uverenjem da mi donosi divne trenutke. Nastupala sam kao da znam lozinku beskrajne radosti i da sam zato, u svakoj igri, uvek u pravo vreme i na pravom mestu. Još sam bila dete, ali sam žedno hitala na prag svoje mladosti i volela je unapred. – Zamisli kako će mi biti kad napunim osamnaest godina, zamisli šta me još sve čeka?! – uzdala sam se u vreme koje dolazi. Neka klinačka umišljenost da će mi 18. rođendan doneti slobodu i razgrnuti sve zastore sveta držala me je u pozitivnoj groznici. Sećam se i mesta i trenutka u kojem sam proživela taj momenat. Pogledala sam zaneseno u tu daljinu i nasred ulice mog naselja, kao u bunilu, šapnula budućnosti: Jedva te čekam.

– A šta će biti, jednom, kad mene ne bude? Ko će onda da govori, radi i živi u tvoje ime?

Lekcija samostalnosti, i u razmišljanju i u delovanju, bila je prva na kojoj su insistirali moji roditelji, posebno tata. I kad bih zatražila da siđe ispred zgrade i razreši neku situaciju u moju korist, on bi mi, obraćajući mi se kao da sam velika, na zahtev odgovarao tim pitanjem.

Imati troje dece oduvek je bila velika obaveza i odgovornost. Ma koliko da su stizali da obezbede sve što je bilo potrebno, moji roditelji su smatrali da ne treba da čekamo da oni za nas sve urade. Podsticali su zato i dopuštali više nego drugi. Nikad se nisu mešali u ono što ću izabrati: ni u igre, ni u prijatelje, ni u hobi, a kamoli u škole. Puštali su me da sama naučim da otvaram i zatvaram vrata za sobom. Sve je to učinilo da postanem neko ko ume da misli i da se izbori za sebe. Znam da su me zbog moje odlučnosti, i tada i kasnije u životu, mnogi voleli, ali i da me je ta osobina od drugih najviše udaljavala. Svesna sam i da je samostalnost koju sam, kao slobodu, uživala uprkos svojim godinama i iskustvu, kasnije postala i činjenica koju sam roditeljima gorko zamerala. – Kako ste mogli i da pomislite da neko normalan, bez vodiča i zaleđa, može da hoda po ovoj džungli i ostane živ?! – Bilo je drugo vreme – branili su se svaki put.

Mama mi je često prepričavala događaj kojeg se ja i ne sećam. Bilo je to pre polaska u školu. Tata je smislio izvanredan plan, tako se njemu činilo, da nas nauči kako da se, za početak, snađemo u nepoznatom delu grada. On i mama neće uvek biti na raspolaganju, a mi ćemo morati da budemo spremni da odreagujemo. Danima je brata i mene preslišavao kako se zovemo, da li smo upamtili adresu, broj telefona i broj autobusa koji vodi do našeg naselja. Autobus je nešto na šta se svako gradsko dete navikne veoma rano. Treba znati kuda koji ide, kako se otkucava karta, kako upitati nekog za smer i slično.

Plan je bio jednostavan; tata bi nas odveo na jednu od gradskih pijaca i nakon nekog vremena bi se udaljio, a da mi to ni ne primetimo. Posmatrao je iz neposredne blizine kako se snalazimo: da li plačemo, da li i koga zaustavljamo, u kom pravcu idemo i kako se usput ponašamo. Pratio bi nas sa sigurne udaljenosti, sačekao da se smestimo u autobus i onda nas, tobože, iznenada pronalazio čudeći se kako smo nestali. Bila mu je neopisiva sreća da mami, kad se vrati, poveri da smo se snašli bez dramljenja. Kazao je da bismo se držali za ruke, okrenuli oko sebe, podigli vratove i ne ugledavši ga pošli u pravcu ulice koja je vodila nazad.

 Vrlo rano sam počela da se krećem samostalno u tom velikom gradskom prostoru. Jednu priču volim da ponovim uvek iznova. To leto, posle završenog prvog razreda, trebalo je da idem sa školom na more. To je značilo da ćemo mama i ja, najčešće, mada bi nam se katkad pridružila i sestra, otići u jednu od gradskih robnih kuća i kupiti sve što nam je bilo potrebno: od papuča, peškira, kupaćih kostima do ležaljki i sl. Volela sam te kupovine i ne bih ih propustila ni za šta na svetu. Išle bismo od prizemlja do trećeg sprata i dogovarale se o svemu. Mama bi uvek dokupila i ono što je stavljala na neke, samo njene, liste kućnih potrepština za koje tata nije uvek znao. U tim prodavnicama smo skraćivali pantalone, porubljivali zavese, menjali baterije za zidni sat i koješta drugo što je bilo korisno i meni izuzetno zanimljivo. Nakon popriličnog posla, po izlasku iz radnje, častile bismo se sladoledom. – Da li da kupim omiljeni cmok ili danas, ipak, leni? Hm? – uvek prisutna dilema kojom sam zaokruživala takav poduhvat. Nosila sam velike kese sa oduševljenjem, jer sam znala da su sad odbrojani dani do pakovanja kofera i odlaska na more.

Pred jednu takvu avanturu se isprečila vožnja autobusom koju je trebalo da prebrodim sama. Mama je išla s posla i nije htela da dođe kući, pa da se onda opet vraća istim putem nazad. Ja sam mogla da odustanem, ali nisam želela. Dogovorile smo se da me čeka na Terazijama.

Ušla sam u autobus i stala odmah kod vozača. Tu, ispred velikog stakla, mogla sam da pratim kretanje i bila sam sigurna da ću znati gde treba da izađem. U početku vozač nije ništa rekao, naginjao se preko mene da u retrovizoru proveri da li može da zatvori vrata. Nije, međutim, prošlo dugo kada me je upitao:

– Je li, dete, zašto stojiš na vratima? Kuda ideš?

– Mama me čeka na stanici, treba da se nađemo na Terazijama – dodala sam uplašeno, jer sa starijima i nepoznatima nisam razgovarala tek tako.

– Ima vremena, zašto ne sedneš?

– Bojim se, čiko, da ću da propustim stanicu – stajala sam i dalje u mestu gledajući čas u njega čas u pod.

– Hajde ovako, ti sedi tu – i pokazao je rukom na duplo sedište pored prvih vrata – a ja ću se pobrinuti da siđeš tamo gde treba. Može?

Klimnula sam glavom, okrenula se i poslušala ga. Sedela sam na tom sedištu i onda kada su ljudi pokušali da me dignu.

– Ja sam za to dete odgovoran i nemoj da joj iko išta kaže ili je pomera – dodao je i svi su bez pogovora okretali glavu i tražili druga mesta. Kad smo stigli do okretnice, pokazao mi je rukom prema Terazijama i mahao za mnom kao da sam mu rođeno dete. Trčala sam mami u susret i pričala kako uopšte nije strašno da budeš sam u autobusu, jer ima onih koji ti, i kad ne tražiš, pomognu.

    Ista lekcija samostalnosti ponovila se kada smo brat i ja krenuli u školu stranih jezika. Imali smo deset godina i priliku da upoznamo neki drugi deo grada, u koji obično nismo zalazili. Trebalo je da se u povratku javimo telefonom, mami ili tati na posao, da smo stigli i to je bilo sve. Sama sam išla u Dom zdravlja, kod zubara, kasnije na vežbe za korekciju ravnih tabana, kod frizera. Zato me nije ni iznenadio moj otac kada mi je sa petnaest godina izvadio ličnu kartu i, čim je zakon dozvolio, dao ovlašćenje da koristim njegove čekove. – Nisi mala, možeš sama sebi da kupiš odeću i obuću. Ako bi mi nešto zatrebalo, ja bih mu prijavila šta tražim po gradu. Uvek sam nosila karticu za telefon i znam da sam najčešće koristila govornice u Knez Mihailovoj, u podzemnom prolazu kod Palate „Albanija" ili one na Zelenjaku. Okrenula bih broj i čekala da proveri izvode, posle čega bi mi potvrdio da mogu da pazarim ili da, ipak, treba da odložim kupovinu do kraja meseca.

    Čitava situacija se, doduše, zakomplikovala onda kada sam ušla u pubertet i kad su se pojavile brojne zabrane i česta pitanja: kuda ideš, s kim, kad se vraćaš, ako ne dođeš do deset, razgovaraćemo i slično. Odjednom je samostalnost dobila okvire.

— Lako je tebi, tvoji imaju rezervu — rekla mi je drugarica u školi jer je, iako starija, imala obavezu da ranije dođe kući. Bila je jedinica i roditelji su pratili svaki njen korak.

— Kako misliš rezervu, jesi li ti normalna? — skakala sam joj u oči.

Nije ni meni bilo tek tako da se izborim sa novim pravilima. Bilo je raznih ubeđivanja, obećanja, neki put se tražila i lista onih sa kojima sam izlazila, napismeno i imena i telefoni. Najbolja okolnost u tom trenutku je, ipak, bila ta što sam imala stariju sestru, kao i većina onih sa kojima sam se družila. Neko sestru, neko brata, ali je pred roditeljima bilo lakše izdejstvovati izlazak kad vas je dvoje i kad pretpostavljaju da ćete da pazite jedni na druge.

Sećam se prvog koncerta u Domu omladine i uzbuđenja koje sam osećala. Bila sam u zatvorenom prostoru, u mraku, kod bine oko koje su se mnogi stiskali. U jednom trenutku, u komešanju završila sam na podu. Nema veze, vatreno krštenje samo me je pripremalo za buduća snalaženja u istim situacijama. Skakala sam celo veče i pevala uglas, stopljena sa svima sa kojima sam delila te momente.

A onda, s vremenom, usledili su brojni izlasci u KST na klupsku svirku ili koncerte unutra i na otvorenom, koncerti u SKC-u, poneka Brucošijada kojoj sam prisustvovala sa ulaza, odlazak na Mašinac, na Avala Fest, slučajne svirke na ulici i sedeljke. Odjednom se otvorio novi, širi prostor, a sa njim sam otkrila svet koji je komunicirao preko časopisa, ploča, kaseta. Nizale su se tematske večeri u klubovima, žurke i rođendani kao povodi da se okupimo, ispričamo, ispevamo i iskačemo. Društvo bi se raspršilo iza ponoći kada bismo sa Trga republike krenuli kući noćnim busom, svako na svoju stranu grada.

Udaljila sam se od svoje generacije i razumela samo sa onima koji su delili slična iskustva. Dve drugarice iz razreda su izlazile na druga mesta, pa smo razmenjivale i upoređivale utiske. One su tada pisale knjigu; realni ljudi, realne situacije, ali samo njihovom maštom iskonstruisani zapleti i raspleti. I ja sam bila jedna od junakinja. Uz puno smeha prekraćivale smo vreme odlaska u školu i povratka iz nje. – Samo da znaš, ispalila si onog dečka i sad si sama – rekla mi je jedna od njih koja je veče pre, do kasno, kucala na mašini nove stranice. – Ok, šta sad? – Istražuješ. – Važi, može – nešto slično sam i živela non-stop. Nikad isti dan, a uvek dobar osećaj.

Nas četiri smo verovale tada da smo centar svemira. Slušale smo istu muziku, pratile iste filmove, menjale odeću i tražile načine da se zabavimo. Nisu to bili neki posebni provodi. Otišle bismo na kej, na Gardoš, katkad do grada da sedimo kod Filozofskog fakulteta. Ili bismo pustile, na video-rikorderu, koncert „Led Cepelina" ili „Azre," probale višnjevaču i glumatale da smo velike. U ludoj atmosferi zabave dočekale smo i pojavu Trećeg kanala Televizije Beograd. Gledale smo one blesave reklame i došle na ideju da budemo reporteri na jedan dan. Jedna je imala kameru koja nije radila, neki antikvitet od mame i tate, ali je imala specifičan zvuk. Kao da traka ide unutra. Našle smo mikrofon i smislile pitanja. Išle smo po pijaci i lokalnim ulicama prateći da nas slučajno neko ne prepozna i ne prijavi roditeljima. Ljudi su se gurali pred naš objektiv da daju odgovor na postavljeno pitanje o vremenu ili dnevnim poskupljenjima. Pitali su nas kad će sve to biti na televiziji da se gledaju, a mi smo se kasnije, skrivene u haustorima, valjale od smeha. Do nas su dopirale priče da tek nešto stariji pišu za neke časopise, da drugi prave bendove, pa smo i mi verovale da ćemo usput pronaći svoj smer. Pogledi su nam, zato, bili uprti u ljude pored nas, one koji su nešto umeli i znali.

Imala sam i tu sreću da me prihvate sestrini vršnjaci, kao i starije sestre i braća mojih vršnjakinja. Ko voli da mu se mlađa sestra mota oko društva?! Ja sam sa svojom, koja mi je u tom vremenu bila idol, uvek bila u nekom zategnutom odnosu. – To su moje farmerke; ove cipele ne smeš da obuješ; kad izađemo, nemoj da mi se obraćaš; nemoj da me neko poveže sa tobom. Ti si klinka! – ograđivala se kao da nas dele eoni, a ne tek nepune tri godine. Zanimljivo je da me to onda nije pogađalo. Nisam odustajala. Zavirivala sam u njene gimnazijske knjige, palila radare u njenom prisustvu da pokupim svaku informaciju, tražila od mame da mi kupi sebago cipele koje je i ona nosila, čekala čas da ode u školu i „ostavi" mi vijetnamku ili sebastijan torbu da ih prošetam po svojoj školi.

Sestra mi se obraćala raznim povodima:

– Sutra opet idem na koncert, hajde dođi sa drugaricom da nam pričuvate torbe.

Naše sestre su išle u istu osnovnu i srednju školu, pa smo se i nas dve, iako nismo išle u isti razred, družile.

– Moći ćete i vi da odslušate koncert, a nama bi značilo – rekla mi je predveče i ne sluteći da, u sebi, molim Boga da me pozove.

Tih dana je „Ekatarina Velika" svirala u Domu omladine nekoliko dana zaredom. Ja sam otišla na jedan koncert, ali je sa tim priča, za mene, bila završena. Bilo mi je divno i dala bih tada sve da sam mogla da ponovim iskustvo.

– Nema frke, kad treba da dođemo? – pitala sam uz osmeh. Nisam uspela da sakrijem oduševljenje.

Našle smo se ispred Doma, gde je gomila ljudi čekala da se otvore vrata. Dobra atmosfera se osećala u vazduhu. Slušala sam kako one, kao starije, komentarišu frajere, upoznavala se sa njenim, za mene, novim prijateljicama iz razreda i bila srećna, jer sam delić svega toga.

Koncert je počeo sa malim zakašnjenjem. Nas dve smo stajale gore, kod ograde, blizu ulaznih vrata, sa 6 jakni i torbi koje smo čuvale. Pevale smo onako za sebe. Prva pesma, druga, treća i onda se drugarica dosetila.

— Znaš šta, ja ovo neću da propustim.

— Pa šta da radimo? — bila sam zbunjena. — Nemamo izbor, zar to nije očito?

— Možda imaju pare u novčanicima, hajde da proverimo?!

— Ti si, bre, luda. Ubiće nas — oklevala sam.

— Ma neće, tražiću svojima, pa ćemo sutra da im vratimo. Hajde samo vidi da li tapkaroši imaju još karata.

Već u sledećem trenutku, kao da smo pošle na planinarenje, a ne na koncert, svaka sa po tri jakne i torbe na sebi, uletele smo u prostoriju i skakale kao puštene sa lanca. U sekundi sam zaboravila na greh i prepustila se utisku. Dole, u sali, nije moglo da se diše od vrućine i dima, ali nama ništa nije smetalo. Pevale smo do kraja, opijene i svojom smelošću i muzikom.

Čim se bina pozdravila sa publikom, otrčale smo nazad, na staro mesto i pravile se nevine. — Baš ste slatke, možda se opet vidimo — hvalile su nas njihove drugarice, a mi smo skrivale poglede.

Nisam držala jezik za zubima ni deset minuta. U svojoj euforiji sam nas, već na drugom semaforu, odala prepričavajući reakciju publike na neku pesmu.

– A otkud ti to znaš? – pitala me je sestra. – A joj?! – tih pet reči me je otreznilo poput mlaza hladnog tuša. Predivno veče se završilo pridikom i obećanjem da nam je ovo poslednje što su nam „priuštile".

Ubrzo bi, na našu sreću, na sve zaboravile. Usledio bi novi izlazak za koji im je, pred roditeljima, bio potreban dobar saučesnik. Ja sam svojoj bila na raspolaganju, mogla je na mene da računa. Pokrivala sam je kakogod i kadgod sam mogla, braneći je kao da branim sebe. Zbog tog saveza, delile smo i isti usud. Kad ona dobije zabranu, nema ni meni izlaska. Jedan takav momenat pamtiću doveka i to ne samo zbog zabrane.

Sačekala sam je u petak, posle škole, kod JDP-a. Išla je sa drugaricama na koncert u baštu SKC-a, više se i ne sećam ko je svirao to veče. Na tramvajskoj stanici u General-Ždanovljevoj preuzela sam torbu i razmenila s njom svega nekoliko reči.

– Kad naši budu pitali, reci da sam sa školom u pozorištu. Možda stignem na vreme – zvučala je opušteno.

– Važi, bez brige. Čekaću te da se vratiš – zavidela sam joj što ide tamo gde ja neću biti.

Stigla sam kući i, čim je mama primetila torbu, iz topa sam ponovila priču da je sestra na predstavi, cela škola ide, neka knjiga iz lektire se prikazuje, pa im sve dođe kao vannastavna aktivnost. Bila sam uverena da nema šanse da posumnja. Nije ništa rekla, pogledala je na sat, još je bilo rano i nastavila svoj posao. Između deset i pola jedanaest tata je obično uzimao sat u ruke, navijao ga u hodu kroz hodnik i povlačio se u sobu na spavanje. Jes, jedan je rešen, pomislila sam za sebe i kao vrtela neke kasete ne pokazujući da pratim šta se dešava u dnevnoj sobi.

Na satu je bilo pola dvanaest kada sam osetila da se menja atmosfera. Mama je palila cigaretu za cigaretom i insistirala da zna gde je sestra. – Ma, samo što nije, sigurno joj je otišao bus sa Zelenjaka. Petak je, ne žuri joj se – pravila sam se pametna, a opet, bila sam nervozna i svesna da lagano trošim poslednje čase pred uzbunu. – Daću ja njoj pozorište čim stigne! – dodala je streljajući me pogledom. U sledećem trenutku je krenula da probudi tatu i ja sam, moleći je da odustane, priznala da je na koncertu. Tek tad sam kapitulirala, jesam, ali sam se tešila mišlju da sam, barem, pružila otpor.

Probudila sam brata da idemo zajedno da čekamo noćni autobus koji polazi deset minuta posle ponoći sa Trga. Pritajili smo se u ulazu male zgrade i tako skriveni dočekali smo bus, ali ne i sestru. Brat se vratio sa vestima i otišao da legne da spava. Ja sam ostala da čekam sledeći. Nisam smela nazad, nosila sam deo krivice. Kod naših je uvek vredelo pravilo da smo svi krivi. Ti što si napravio, drugi što te nije urazumio, treći, jer je ćutao. Kolektivna krivica je nešto što sam osetila vrlo rano. Pokušavala sam godinama da se izvučem ispod takve presude, ali uzalud.

Najzad se pojavila, izletela sam iz mraka i pridružila joj se u hodu. – Otkud ti? – pogledala me je sluteći nevolju. Tu su bili neki ljudi i svi su delili svoje utiske s koncerta. Ja sam pred njima ćutala, a i zanimalo me je da čujem kako su se proveli. Čim smo ostale same, rekla sam joj: frka.

Mama nas je čekala ispred zgrade, prepoznale smo je po žaru cigarete. Videla se nekoliko desetina metara daleko. Sav strah, sa kojim se satima suočavala, stao je, u prvi čas, u iskrivljenu grimasu lica, podignut prst i kroz zube izrečeno obećanje da ćemo od sutra razgovarati drugačije. Nije smela da viče, jer je bila noć, svi su spavali, u zgradi se i muva čula. Nije, međutim, dugo izdržala. Čim smo ušle u stan, počela je, odlučno i glasno, sa postupkom utamničenja. Tražila je sestri ključeve od stana. – Tako, od sada ćeš dolaziti do devet. Ćuti, nije strašno, pomislila sam. – Idemo dalje, od sutra nećete moći da koristite telefon – tu sam sad i ja bila na tapetu. Propale smo, postajalo mi je sve jasnije. Reći će tati i to znači samo jedno. Prekinuće nam komunikaciju s društvom. Tata je tih godina, iz drugih razloga, imao običaj da stavi katanac na brojčanik i time nas spreči da telefoniramo. Kad bi video račun, ostajao je u šoku. Potrošeni impulsi govore jasno da u pitanju nije greška već da naši razgovori traju sat vremena i duže. Nikako to nije mogao da shvati. Njemu se ideja telefoniranja dugo svodila na one redove iz filmova: halo, prijem i gotovo. Nas dve smo ćutale pred njom, gledale se ispod oka spuštene glave i žurile da se spakujemo u krevet. Mama je ulazila pa izlazila iz sobe svaki put sa nekom novom rečenicom. – Zapamti, ovo je poslednji put da.... – ređala je, odreda, sva zaslugom stečena prava i privilegije. Pobuna je izostala, svi aduti su večeras bili na njenoj strani.

Čula sam je, najzad, da otvara kremu u kupatilu i pomislila da je gotovo. Ali nije bilo. Ma koliko da je izbacivala emocije iz sebe, i dalje su joj navirale misli koje joj nisu dale mira. Ušla je furiozno u sobu, poslednji put to veče, prešla je pogledom preko zidova i rukom, jedan po jedan, pocepala svaki poster koji smo zalepile poviše glava. Fljus, fljus, fljus. – Ne – uhvatila sam se za glavu – samo to ne! Mesecima nismo jele užinu. Svaki dinar smo trošile na časopise „Ćao" i „Pop-Rock" kako bismo došle do tih postera. Sad je u trenutku nestalo sve što smo brižljivo skupljale. Sestra je, naslonjena na zid, držala rukama froncle od jednog postera, a ja sam u neverici gledala čas u nju čas u mamu.

– Tako, sad je gotovo – zaključila je mama teatralno i dodala – u ovoj kući nema više Elektrane – prekrstila je, u sekundi, „Ekatarinu Veliku" ostavljajući mi, za sva vremena, scenu za pamćenje.

Kod kuće je, tih godina, postalo još zanimljivije. Dobili smo prinovu. Jednog proleća je brat doneo psa sa ulice, malenu ženku od nepuna tri meseca. Bila je preslatka, preplašena i nezbrinuta. Pokušavali smo godinama da uverimo roditelje da nam dozvole da imamo kućnog ljubimca. Svaka priča, međutim, završavala se objašnjenjem da za njega nemamo dovoljno prostora. – Treba nam dvorište, za životinju je mučenje da bude u stanu – i time je svaka diskusija bila prekinuta. Nova prilika je došla neočekivano i mi smo je zgrabili u letu.

I tata i mama su se, svako na svoj način, povlačili pred novom situacijom. Tata je, provocirajući nas, potcrtavao da nije stvar u njima.

– Vi još niste pokazali spremnost za toliku odgovornost.

— Ne dolazi u obzir, ionako nas je puno — dodavala je mama ubeđena da je to još jedan naš hir, a nova obaveza za nju.

— Ostaće i biće naša briga — istupali smo jednoglasno i dosledno.

Išlo nam je naruku to što smo imali različite školske smene i mogli smo da joj se posvetimo u potpunosti. Shvatili smo obavezu bez šale, pa smo igrali kako su oni svirali. Tenzija je nakon nekoliko nedelja počela da pada. Uskoro smo se svađali ko će je tog dana prošetati ili s kim će prespavati u krevetu. Postala je neodvojivi član porodice. Za trpezarijskim stolom je taman jedno mesto do tada bilo upražnjeno. Govorili smo da ćemo njeno ime dopisati na listu stanara, pa su je tako i drugi tretirali. Na svakoj razglednici, koja je stizala na našu adresu, prijatelji su slali pozdrave za nju.

Kada je ušla u moj život, nisam ni slutila koliko će njeno prisustvo, u narednih 15 godina, uticati na mene i koliko će me njen odlazak boleti. Menjala mi je navike učeći me lagano drugačijem redu. Tražila je pokret i kontakt i onda kada sam samo razmišljala da spustim roletne i odustanem od dana. Dovela me je tako u situacije koje bi mi, inače, promakle. Povezala sam se iznova sa drugaricama sa kojima sam išla u osnovnu školu. Otkrila sam i neke ljude koji su živeli u mom naselju, a koje ranije nisam imala priliku da sretnem. Zajedno smo išle u razne avanture. Bila mi je saputnik za školske sportske subote, vodila sam je preko pola grada na slave, kod drugarica na kafu, na kupanje na Lido, svud. Ležala je na krevetu na jastuku iza mog radnog stola i bila verno društvo u godinama studiranja i čitanja u tišini. Bila sam uverena da je osećala sve što sam proživljavala, jer bi mi u trenu prišla i dodirom šapice ili tihim lavežom skretala pažnju sa teških misli. Ne znam zato da izvagam ko je kome tu bio potrebniji. Čini mi se da sam onda živela s mišlju da o njoj brinem, da bih danas znala da se ona pobrinula da me, svojim prisustvom, uvuče u drugačije stanje. Omogućavala mi je da se osetim dovoljnom i pravom. U tom umirenju nalazila sam lek za svoje rane.

U međuvremenu sam završila osnovnu školu i položila prijemni ispit za gimnaziju. Iščekivala sam ulazak u nju s uzbuđenjem i jedva sam dočekala da godina krene. Bila sam spremna za promenu, vukli su me napred i žeđ za otkrivanjem i želja za učestvovanjem.

Još od ranih tinejdžerskih dana zaokupljale su me različite aktivnosti. Bavila sam se rekreativno sportom, išla sam na dodatne časove jezika, zavirila kasnije na jednu radio-stanicu, probala da izrađujem fotografije u improvizovanoj foto-laboratoriji. Uglavnom sam na tim stanicama bila uz ljude koji su tada činili moj svet. Neko bi predložio da odemo na trening košarkaskog tima škole i već u sledećem trenutku smo, dvaput nedeljno, vežbali u sali i pripremali se za međuškolska odmeravanja. Ili bi bliska drugarica odlučila da, usred gimnazije, upiše muzičku školu i završi je vanredno, i ja bih joj se pridružila u letu. Pokušala sam da sviram klasičnu gitaru, ali sam, uprkos bodrenju, odustala uverivši sebe da sam zakasnila.

Muzika je ostala prisutna u mom životu. Jedne godine sam se dogovorila sa društvom da odemo na „Gitarijadu" u Zaječar. Nije me bilo briga koliko godina imam i da li zato smem to da poželim. Onog trenutka kad se želja javila, ja sam u mislima već bila tamo. Trebalo mi je čitavo leto da ubedim oca da me pusti. On nije razumeo šta to znači da će tamo, možda, svirati „Atomsko sklonište". Meni je u tom trenutku to bio veoma važan događaj. Poređala sam sve drugare pred svoje roditelje, sa njima idem, ovo je šator, nosimo po ranac stvari, imamo i tetku naše drugarice od koje možemo da se javimo, potreban mi je samo novac za kartu i hranu. Ponavljala sam priču svaki dan ostajući uporna i nedokazna. Tata je odmahivao rukom, a mama je, saznala sam kasnije, ucenila sestru da joj pomogne. Ona je pričala koješta kako bi me uverila da odustanem. Za trenutak me je i pokolebala. Ali slika neke velike bine i muzike koja ne prestaje tri dana, osećaj da sam deo toga, bili su jači od svih nedoumica. Na kraju sam, ispraćena kratkim ali odsečnim očevim monologom, dobila novac i otišla.

DANAS NAM JE DIVAN DAN

Dugo godina sam pričala da mi je bilo sjajno i da nema veze što je onaj, američki „Vudstok" bio mnogo pre mene kad sam doživela ovdašnji. Istina je, međutim, da tamo, te godine, nisu došli bendovi koje sam ja priželjkivala, da smo se napatili u vozu, u kojem smo satima čekali na presedanje, i da sam jednom zanavek shvatila da kampovanja nisu za nekog poput mene.

Vrtela sam se u svom svetu kao na ringišpilu, s glavom i stopalima iznad zemlje, ali uvek sigurna u svom sedištu. Dosegla sam onu tačku ubrzanja u kojoj sam, laka kao pero, nosila zalepljen osmeh na licu. A onda je ta vrteška počela da usporava. Ne mogu ni danas sa sigurnošću da se setim kako se tačno sve desilo. Zapamtila sam samo nabacane i ispremeštane isečke sa kojima sam se, odjednom, osećala drugačije. Krugovi zanosa bivali su sve manji i manji, ali ništa u meni još nije govorilo da se spuštam na tvrdo tlo.

Poslednja igra koja mi je ostala pod kožom, spontana i zanosna, bez pitanja kuda sve to vodi i da li mi je potrebna, desila se nenadano i izvukla iz mene onaj impuls slobodnog divljeg konja. Bila sam u prvom razredu gimnazije, na školskom hodniku kada je neko doneo vest da na jednom od beogradskih brda počinje sa radom amatersko pozorište. Ima li zainteresovanih?

Otišla sam sa drugaricama iz razreda, bile smo željne da zavirimo u nov svet. U njemu je sve izgledalo kao stvoreno za dobre priče. Naišle smo na ljude sa svih strana i iz mnogih generacija. Vodio nas je jedan od onih zaljubljenika u teatar. Meni se svideo, jer je bio podsticajan. Izvlačio je iz nas i ono što nismo znali da imamo. Njegove pohvale i bodrenja su bile metode sa kojima se ranije nisam puno susretala. Nesebično je podelio i svoja poznanstva uvukavši nas na neke generalne probe velikih majstora zanata. I to tako lako kao da se dešava svaki dan i svima.

Izdvojila se ubrzo grupa nas koji smo narednih meseci radili pod palicom jednog mladića. Bio je miran, zapitan, jedan od onih sa kojima dijalozi mogu da traju unedogled. Nas tri iz odeljenja smo bile najmlađe, a oni, neki i studenti, za nas, veliki svet u koji smo gledale sa divljenjem. Nalazili smo se nekoliko puta nedeljno, posle škole. Dolazila sam kući u svako vreme. Moji roditelji se nisu brinuli; prvo, jer su znali gde sam, a drugo, jer je u školi sve bilo pod konac. Imala sam na pretek vremena za drugačije avanture.

„Bijeli klaun", tako se zvala knjiga koju smo pretočili u predstavu i postavili na pozornicu. To je priča o dečaku koji odrasta u jednom cirkusu. Njegovi roditelji tamo rade kao klovnovi. Poput mnogih dečaka, on je zaljubljen i spreman na razne, uglavnom izmaštane, avanture. Ali, i drugačiji je. On ne razlikuje boje i to ga brine. Svoju različitost doživljava kao manu i krije je od drugih.

Ta knjiga je jedna je od onih koju mogu da čitam svako malo, jer me uvek pogađa svojim porukama. Prvi primerak sam dobila tokom rada na predstavi i ljubomorno sam ga čuvala godinama. A onda sam ga devedeset i neke izgubila. Pokušavala sam da knjigu pronađem u gradskim knjižarama i antikvarnicama, ali uzalud. Bila je deo sveta koji je nestao. Posle nekoliko godina sam se pomirila sa činjenicom. Kako i ne bih? Moja mladost je već bila prepuna iskustava da je život jedno veliko nestajanje i da se tom procesu uzalud odupiremo. Ali onda, iznenada, kao da sam sve vreme samo išla ukrug, na samom kraju jedne ili, pak, na početku nove životne faze, knjiga se dvehiljaditih pojavila u mojim rukama. Bila je energija koja me je gurnula u nov svet, na put ljubavi i radosti.

Predstavu smo radili nekoliko meseci. Nisam imala nikakvu zapaženu ulogu, uglavnom one sporedne. U jednoj, posve unikatnoj, bila sam drvo. Mislim da je bio hrast u pitanju. Imala sam braonkaste pantalone i belu majicu na koju sam, kao i još jedno drvo, ušila trakice različitih boja. Glumile smo jesen. Bila sam i ona koja je znala kada treba da zatamni svetla ili pusti muziku iza kulisa, kako da postavi scenu pred drugi čin i sl. Mene je, kasnije sam shvatila, očaravao proces nastajanja jedne predstave, a učestvovanje u njoj je bio samo jedan od onih pohoda na Mesec. Hoću da verujem da su drugi, oni iskusniji, to isto shvatali, i da me zato nisu sputavali već puštali da iživim i ovu igru.

Odazivala sam se na svaki poziv. Postojala je ideja da sa predstavom izađemo i na ulicu, odemo u svaki vrtić ili dečju ustanovu u kojoj bi nas hteli na jedno popodne. Držali smo se jedni drugih kao da će svet nestati ako se sutradan ne vidimo. Dočekali smo Novu godinu zajedno, a ubrzo i premijeru sa punom salom. Zapamtila sam publiku, njene osmehe i aplauz, kojim nas je pozivala na pozornicu. Radost je sa obe strane bila gotovo opipljiva. Zadovoljni postignutim, treperili smo od želje da sve još sutra ponovimo, puni elana za nove poduhvate.

A onda se reč rat uvukla u novu stranicu naše priče. Kao da sam do tad bila na nekoj drugoj planeti, ušla sam odjednom u njenu orbitu. Tog dana našli smo se u uobičajeno vreme u pozorištu, ali me je zatekao drugačiji prizor. Mladić koji je imao jednu od glavnih uloga u predstavi, sedeo je na stolici držeći glavu u rukama. Bio je s mora i, ako dobro pamtim, studirao je u Beogradu. Veče pre se, neko je objasnio, čuo sa roditeljima. Uplašeni zbog dešavanja u zemlji, insistirali su da se spakuje i dođe odmah kući. Sećam se suza tih, za mene, odraslih, koji su tada malo govorili, a svaki su čas spuštali svoje ruke na njegova ramena. Nisam ništa pitala, stajala sam sa strane i krišom ih posmatrala. Dugo sam se posle preispitivala da li je sve tako i bilo. Možda sam sve pogrešno protumačila, mnogo toga tada nisam razumela. Kakogod bilo, jedno sa sigurnošću znam – ubrzo ništa nije bilo isto.

Naše susrete, razdragane, nestašne i bezazlene, zamenile su demonstracije. Neopisiva buka sa svih strana me još nije dublje doticala. Verovala sam detinje da će proći. Zauvek ću, međutim, pamtiti prizor sa Terazija, neke ljude koji kleče na kolenima i drže upaljene sveće u rukama. Ta molitva za mir ličila je na antički ritual u kojem se zaustavlja vreme još tren i hvata poslednji predah između ratova. Trčala sam kući da, kao maratonac, javim svojima šta se dešava sa one strane Brankovog mosta. Mamu sam zatekla na stepeništu, držala je psa u rukama, vidno uznemirena.

– Gde si do sada? Znaš li kada ti se škola završila? Ručak se ohladio, na šporetu je.

– Šta je s tobom? – pitala sam, jer je bila sva pocrvenela u licu.

– Ma, tvoj otac je poludeo. Idem napolje da se malo prošetam i smirim.

Ušla sam u stan. Zatekao me je mrak i to je već bilo dovoljno čudno. Nas je petoro, što znači da svetlo gori u svakom ćošku. Tata je sedeo u fotelji, ispred TV, a scene uplašenih ljudi koji beže pred pucnjevima smenjivale su se na ekranu. Psovao je, tad sam ga prvi put čula. Ustajao je i išao tamo-amo, od fotelje do televizora, pa do terase, nazad i opet ukrug, nameštajući rukom ono malo kose što je ima na glavi.

– Nemoj da pališ svetlo – rekao je, ali sam se ja ionako već ukopala na stolici. Jedva sam od tog prizora uspevala i da dišem, a kamoli da mislim na svetlo.

– Sve će ih pobiti, je li tebi to jasno? – gledao je u mom pravcu, ali sumnjam da se meni obraćao. Ko, koga, mislila sam.

Poznavala sam odranije taj njegov izraz lica, ali mi ni onda, kao ni tada, nije bilo sasvim jasno šta znači. Nisam kao klinka volela da pijem mleko. Ono u tetrapaku još i nekako, ali ono iz kesice što se kuvalo, bilo mi je odvratno. Kako bi se hladilo, tako se po vrhu skupljao onaj kajmak. Gadio mi se. Svaki put kada bi mi govorili da je to najlepše i najslađe da se popije, imala sam nagon da povratim. – Užas – okretala sam glavu i molila da me poštede. Više puta sam prosula čašu u sudoperu, ali me je jednom on zatekao. I u sekundi je pobesneo. Grmeo je nada mnom, a ja sam preplašena plakala.

– Neko tamo negde moli za ovu čašu. Nekom bi ona spasila život, a ti je prolivaš kao da je ništa.

Razumela sam tek devedesetih o čemu je govorio. Tad je zavladala beda i čitav život se sveo na golo preživljavanje. Nemaština je polako oparala najpre rubove naših navika, a potom mogućnosti i očekivanja. Počeli smo da živimo kao u areni, s jedne strane siti, s druge gladni. Svuda sam zaticala sliku iz one stare poslovice: Sit gladnom ne veruje, gladan sitog ne razume.

Moj tata je taj zaplet nosio u sebi. Rođen je tik pred II svetski rat i dobro je zapamtio metež i nemanje. Ostao je tad bez oca, majka je jedva uspevala da obezbedi najosnovnije. Proveo je neke đačke dane po domovima. Pričao mi je o bubama u tanjiru, o polomljenim noktima i prstima, jer je bos igrao fudbal, o ribljem ulju koje su mu davali na silu i zbog kojeg i danas ne podnosi ribu. Sva potisnuta trauma onog deteta u njemu izlazila mu je pred oči kad bi video da se hrana baca. To je bio onaj neizdrživ, unutrašnji okidač.

I tad je izgledao tako. Ja nisam stigla ni da shvatim šta se to dešava, a on je, izvukavši ih iz sebe, već proživljavao prizore užasa. Razumela sam tek kasnije da su ga podsetili na onu odživljenu bespomoćnost, pa mi je postalo jasno da je u onom trenutku on, iako nesvestan, u stvari zapomagao:

– Sve će ih pobiti, bićemo gladni!

Ta scena mi se živo urezala u svest i prodrmala onaj spokoj u meni. S njom se lagano menjala atmosfera u kući. Kako je, međutim, sve u spoljašnjem svetu još stajalo na svom mestu, potiskivala sam slične epizode i nastavljala da živim po starom.

Nova realnost zakucala je ponovo na vrata kada nam je pristigla rodbina iz predela u kojima je tenzija rasla. Neko vreme bilo nas je devetoro u stanu. Izuzeta od rešavanja bilo kakvih problema ja sam, i pred tim događajima, stajala kao posmatrač. Nisam shvatala da me se ta drama još kako tiče. Bilo mi je potrebno još puno sličnih situacija da razumem da ni mnogi koji su u njoj učestvovali nisu bili, u potpunosti, svesni nastalih promena. Šoku se čovek odupirao nadom da sve još može biti kao i dotad.

Ostala sam u svom balonu i živela uobičajene gimnazijske dane: otkrivala ljude i aktivnosti. Radovala sam se i novim školskim predmetima kao i sadržajima koje sam usvajala. Mnogo godina kasnije saznaću da su, u tom istom trenutku, moj grad napuštali svi oni koji su se sklanjali od ratnih pokliča, svi oni koji su bili primorani da odu, jer su postali nepoželjni, svi oni koji su, ostavši bez ičega, u odlasku videli spas.

Katastrofa je, u međuvremenu, sve više uzimala maha, pokazujući mi jasnije svoja lica. U školi, preko poznanika i u komšiluku upoznala sam one koji su proživeli teška, a meni nepoznata, iskustva.

Njihove priče nisu ličile jedna na drugu, ali je svima ishod bio isti:

– Tata je jedan dan došao i rekao da se spremimo, idemo u skloniste dok se ludnica ne primiri. Poverovala sam mu i obukla najgoru odeću, jer nisam želela da se uprljam. Postalo mi je jasno da idemo nekud dalje tek kada sam videla da nas je dovezao do aerodroma. Mama, sestra i ja smo stale u dugu kolonu i gurale se da uđemo u avion za koji se verovalo da je poslednja mogućnost za odlazak iz grada. U strahu da ne propustim let, tata me je prebacio preko ograde i rekao da idem bez njih. – Eto nas za tobom, požuri i ne brini, biće sve u redu – lagao je ne bi li me uverio da ga poslušam. Sve se odigralo tako brzo. Razdvojili smo se u toj gužvi i, tek kad su se zatvorila vrata aviona, shvatila sam da sam sama. Prvi put sam tada bila u avionu. Stajala sam pored ljudi i ne znajući kuda idem i gde su moji. Ubrzo smo sleteli, i svako je, potom, okretao na svoju stranu. Sedela sam na ivičnjaku neko vreme. A onda sam se unervozila i počela da šetam unaokolo, oko rampe. Slučajno sam naletela na jedna kola i prepoznala za volanom svoga strica. Videla sam mamu i sestru na zadnjem sedištu kako se okreću ne bi li me ugledale. Tek tad sam shvatila da su i one ušle u taj avion. Grlile smo se i plakale kao da se nismo videle godinama. Tata je ostao. Saznala sam da idemo kod njegovih i da se ne vraćamo kući. Možda nikad. Pitala sam se mesecima kasnije šta bi bilo da sam ostala da sedim tamo, na onom ivičnjaku. Koga bih zvala, kuda bih otišla, nisam ni znala gde sam?! Nemaš pojma kako je strašno biti tako uplašen i bespomoćan.

 – Bio sam na rivi sa prijateljima. Pričalo se o ratu, osećala se netrpeljivost, ali sam nastavljao da živim kao da me se sve to i ne tiče. Imao sam društvo koje mi je bilo preče od mojih, sve smo radili zajedno. Tata je bio kod svojih i molio me je da se urazumim i dođem do dedine kuće, u selo poviše grada. Deda je bio na samrti. Mislio sam da me moji lažu i da će mi zabraniti da se vratim, pa sam se inatio. Stalno sam, međutim, gledao na sat na ruci. To mi je bio poklon od dede. U jednom trenutku sam se unervozio i nazvao svoje. Deda je umro i tad su me drugari nagovorili da odem. – Ne možeš da ne odeš dedi na sahranu?! Seo sam na autobus i to je bio poslednji put da sam bio kod kuće i da sam video te ljude. U međuvremenu su postavljene barikade, počeli su da pucaju i mene su poslali, dok se situacija ne smiri, kod rodbine u Beograd.

– Ceo život sam kupovala hleb u istoj radnji, kod žene koju sam doživljavala kao rod rođeni. A onda mi je jednog jutra rekla da kažem mami da se od sutra snađe na drugom mestu. Bila sam derle, nisam imala pojma šta to znači. Tog dana su došli po tatu i brata. Brata sam videla posle nekoliko dana, a tatu smo sahranili u Crnoj Gori gde smo se smestili kod rođaka.

– Pitala sam se ko su ovi ljudi i kako su i gde živeli kad ovako unezvereni i bedni prolaze u kolonama ispred kamera izveštača. Kod nas u Bosni to ne može da se desi! A kada smo, posle nepune godine, mi bili u takvom zbegu, prepoznala sam u nama iste te jadnike.

Bilo mi je lako da se povežem sa svojim novim sugrađanima, jer sam u kući sve češće slušala priče o strašnim sudbinama svojih rođaka. Sa nama je od tad živela baka koja je postala izbeglica. Ja sam često, umesto nje, odlazila ispred naznačenih centara da pokupim paket pomoći koja je stizala iz inostranstva. Vreća sa brašnom, konzerve i paštete, mleko u prahu, sapun, ulošci i prašak za veš. Stajala sam u redovima sa onima koji su žalosni čekali na svoje sledovanje, poniženi, jer su došli do toga da pružaju ruke kao božjaci, i ljuti na svakog ko bi im uputio i pogled. Slušala sam kako krive moj grad da im je naneo ovaj jad, a ja sam se, uz tolike koje znam u tom gradu, osećala isto kao oni. Nemoć sam čitala na svakom licu iz svoje familije i brojnih lica iz svog komšiluka. S druge strane, kasnije, kada bih odnela taj paket kući, sedala bih u autobus i slušala te moje kako ljutito sude tim beskućnicima što su im ukrali red po kojem se ovde živi, poslove koji su najpre morali da budu tu za njihovu decu i sigurnost na koju su računali. Ja sam, pak, znala da bi mnogi od njih dali sve kad bi mogli da se vrate svojoj kući.

Presedali smo svi odreda, kao da smo na kakvom koloseku, u realnost egzistencijalnih strahova. Iz mnogih domova širila se, kao pošast, na ulice promenjenog grada. Izgledala mi je uskoro poput dečje igre ona vežba evakuacije koju smo, sve uz sirenu, imali u školi godinu dana ranije. Ne sećam se tačno koji je mesec bio, ali znam da sam išla u prvi razred gimnazije kada su nam iznad tabli obesili znak *exit*. Trebalo je da naučimo da budemo spremni u slučaju napada. Tad su, valjda, odrasli ljudi još mislili da drže uzde u rukama. Verovatno nisu ni slutili da će im ponestajati prisebnosti u borbi za opstankom. Stigle su godine panike i nemoći koje su se povremeno smenjivale sa danima nade da će biti bolje. Navikavali smo se na sve veći nered, demonstracije i redove, kašnjenja i nestašice. Podelili su nas, u međuvremenu, na A, B, C grupe, pa naizmenično nismo imali struje i tople vode. Rafovi u prodavnicama bili su prazni.

Tih godina sam i prvi put čula za neke maksime: Čovek je čoveku vuk! Dobar i budala – rođena braća! Ako smo mi braća, nisu nam kese bratske! Nekom je život majka, a nekom maćeha. Imala sam utisak da sam izašla na vetrometinu od koje nije postojao zaklon. Ničim do tada proživljenim nisam bila ni pripremljena, a kamoli osposobljena, da se suočim sa njom. Trudila sam se da razumem brojne, nove okolnosti, ali mi nisu bile jasne. Preplavio me je, pritom, silovit nemir. Sa njim je na sve oko mene – prostor, događaje, ljude – padala neka senka.

Kao da to sve već nije bilo dovoljno strašno nego se i moj odnos sa bliskima menjao. Drugačije prilike i iskustva udaljavali su me od ljudi koje sam, do tada, doživljavala kao deo sebe.

Sećam se jednog neobaveznog razgovora u kojem mi je drugarica rekla:

– Vidim da je kriza, ali, da tebe ne poznajem, ne bih znala da je upravo rat.

Da li je to moguće, pitala sam se. Meni se život zaustavio u jednoličnoj priči koja davi. Sve je postalo preozbiljno i kobno.

Slušala sam je, drugom prilikom, kako se žali na majku. Priuštila joj je, kaže, potrebnu zimsku jaknu, ali ne i pelerinu koja joj se svidela. – Napravila mi je scenu pred ljudima i još me je spopala sa svojim crnim pričama – govorila je sva potresena. Činilo mi se da čujem jadikovku iz svog bivšeg života. Izgovarala je rečenice koje su, do skora, bile moje. Značila mi je puno, pa sam joj držala stranu. Bilo mi je, međutim, jasno da nema predstavu šta se sve događa oko nje. Niti u meni. Prećutala sam joj da mislim da je njena majka borac koji, ko zna kako, drži bedeme visoko i štiti je od stvarnosti. Ja sam već odustajala od mnogo čega što sam, do juče, zvala običnim. To tad nisam doživljavala kao problem, jer sam pored sebe imala ljude koji su mi ukazivali na to šta su zapravo pravi problemi.

Moje okruženje se podelilo na paralelne svetove. Prvi su bili oni koji su držali glavu iznad vode ostavši izvan orbite haosa i nemoći, drugi oni čiji su se životi na komade krunili, treći oni kojima je neko napravio hirurški rez i odsekao deo života. On je postao nešto nalik snoviđenju.

– Ponekad poželim da sam na tvom mestu – rekla sam nepromišljeno srednjoškolskoj drugarici. Ona je u moj razred stigla kao izbeglica.

– Daj, o čemu pričaš? Znaš kako je teško?! Kod mene svi samo plaču – nastavila je da niže detalje iz svoje rasute familije.

A dok je ona govorila o bezdanu, meni je pred očima bilo nešto drugo.

– Znam da zvuči suludo. I jeste. Ali ste vi svi, barem, u istoj koži.

Ja često nisam znala sa kim sam to mi. Kao da me je nešto izvuklo iz starih stopa, nisam mogla da se nađem ni u jednoj svojoj, dojučerašnjoj priči. Mučio me je taj osećaj, ali sam o svemu ćutala. Ionako kada bih i progovorila, ispadalo je da se ne razumem sa ljudima. Bila sam zbog toga, preko mere, ili žalosna ili besna.

Završivši gimnaziju upisala sam studije književnosti. Na prvoj godini, na početnim stranama udžbenika iz Estetike pročitala sam misao u kojoj sam se pronašla i tako, barem sebi, nešto razjasnila: Čovek je čovek samo po tome što se u majčinom bolu rađa po prvi put, a u svom sopstvenom po drugi. Tako je i bilo; u bolu se porodio neki drugačiji svet i rodilo neko drugo ja.

– Ćao, izvini što kasnim. Ne bi ni u snu pogodila šta mi se upravo dogodilo?

Skoro vičući izgovaram dok jurim prema sestri nameštajući ranac na leđima. Nosim opremu za aerobik, utorkom u devet uveče idemo zajedno na trening. Nedavno smo otkrile novi studio i baš uživamo u tim malim grupama. Blizu je, na pola puta, njoj od posla, a meni od radnog stola.

– Hvala Bogu. Zaljubila si se! – dodaje ironično i ne prestaje da se mršti.

Trebalo je da se nađemo pre petnaest minuta. Ljuti se što kasnim, jer ne voli da ikog čeka, a naročito ne kada duva košava. Ledi krv u žilama. Tih dana, kada si na ulici, ne možeš ni da udahneš.

– Ma, pomeri se s mesta! Još mi samo ale fale! – izgovaram u svom maniru vraćajući joj loptu.

Raskinula sam sa nekim s kim sam odbolovala vrlo teške momente. Stajali smo dugo usidreni, a onda je svako krenuo svojim putem. Naporno mi je nekad da nosim svoju glavu na ramenima. Od teških misli ne umem da dignem pogled, a kamoli otpustim grč. Toliko sam se navikla na pritisak da mi se čini kao gorka laž pomisao da bez njega može da se korača. Ionako se svuda potvrđuje da je ljubav precenjena. Mnogima se srca doslovno poštapaju, iz jedne priče u drugu, iz jedne laži u drugu. Nemam ni vremena ni živaca za taj rodeo, zaćutala sam i ubrzala korak. Nisam ni primetila da sestri ne odgovaram na pitanja.

– Alo, Zemlja zove Domentijana ili Dositeja, koga beše sad čitaš? Daj se koncetriši sad kad si tu. Jesi li tu? I?

– Šta i?

– Pa šta ti se desilo, rekla si da ne bi ni u snu pogodila? Eto, predajem se – okreće očima i izdiše, jer se jedva suzdržava da ne plane. Em kasnim, em mora da mi izvlači reči na kašičicu.

– Upravo mi je kondukter dao besplatnu kartu za vožnju. I da čudo bude još veće, ugurao mi je u šaku tri dinara da imam za kartu nazad. Nisam znala šta da mu kažem, ostavio me je bez teksta.

– Bez teksta?! – govori sad oštro i nastavlja bez zadrške. – Ja tebe uopšte ne razumem?! Kako to može da ti bude iole važno? Da li ti čuješ sebe? Hajde nemoj, barem kad si sa mnom, da pričaš te svoje stupidne priče. Izblamiraćeš me.

Nismo više ni reč progovorile.

Odavno nisam sigurna da može da me razume. Vodimo potpuno drugačije živote. Ona ne ulazi često u gradski prevoz. Nema pojma sa čim se ja tamo susrećem, svaki dan. Sve se promenilo.

Otužna slika Beograda na kraju 20. veka mogla je da se vidi tokom jedne dnevne vožnje. Ili možda televizijske emisije, ako televiziju pratiš. Slušala sam ljude koji tvrde da je to najbolji način da prečicom, bez po muke, diplomiraš na psihologiji ili sociologiji. Svaka uživo emisija zbirka je veličanstvenih primeraka koji potvrđuju sva pravila ličnog i društvenog ludila, ali i ne tako retkih primeraka odstupanja od pravila, sa notom ludila par ekselans.

Autobus je već moj rejon i u njemu je tako lako vidljivo svako lice tranzicije. Na ulicama su uveli tzv. privatne autobuse. Čovek bi isprva pomislio da je u pitanju uvođenje reda: čisto staklo, čitav mebl pod zadnjicom, ulaz na jedna, izlaz na druga vrata, možda i klima, ali ne mora. Naravno, ljudi su tiši, ljubazniji, istuširani, ustaje se deci, trudnicama, starijima. Ali avaj?! Jedina razlika je što ovih privatnih sada ima više na ulicama i što se za njih plaća tri dinara po vožnji. Time je očiglednija ona podela među putnicima: oni koji imaju da plate i ne čekaju, i oni koji nemaju, pa zbog toga, pravedno, i kampuju po stanicama.

Ima ih koji su to jedva dočekali.

– Ja to sebi nikad ne bih dopustila. Toliko, valjda, čovek može da izdvoji. Nije to neki novac – likuje jedna kojoj muž radi privatno.

– Ja sam se već pitala kad će neko da se seti da uvede ovakve linije. Sa onim divljacima se više nije moglo. Ko zna kako su živeli tamo odakle su došli? – pronašla je razlog da se ogradi i druga.

Odživeli smo, u prošlim decenijama, bajke solidarnosti i opšteg dobra i sad je došlo vreme za priče u kojima učimo lekcije individualizacije. Otkrivaju nam brojne mogućnosti kako da iskočimo iz ekspres-lonca i, u trku, kupimo kartu za odabrano društvo.

Danas je čovek u autobusu odreagovao ljudski i zapanjio me je. Svesna sam bila istog časa da to nikad neću zaboraviti. Žurila sam da završim poglavlje knjige takmičeći se sa sobom. Uvek unapred odredim broj strana koje moram da pročitam ne bih li bez osećaja krivice otišla na trening. Da sam se zanela ovaj put, shvatila sam tek kad sam sela u autobus. Ne samo da kasnim nego sam i zaboravila pare. Ostale su na pultu, u kuhinji. Mahinalno sam pokupila samo ranac i jaknu, koju sam usput navlačila i zakopčavala.

– Uf, šta ću sad? Sići ću na sledećoj. Joj, samo da me ridža ne spopadne! Molim te, Bože – mrmljala sam za sebe.

Kad sam upisivala gimnaziju nikom nije bilo jasno zašto idem na drugi kraj grada. Beograd ima šesnaest gimnazija i recimo da su tek tri bile udaljenije od one koju sam izabrala. A ja sam baš htela tu. Inficirala me je svojom energijom. Imala je demo bendove, u podnožju zgrade improvizovanu TV stanicu, istureno glumačko odeljenje i ljude koji su zalazili na sva mesta koja su za mene bila kultna. Uspela sam da, preko njih, zavirim u njene odaje mnogo pre nego li sam u nju zvanično ušla.

 Izabrala sam je ne razmišljajući o prevozu koji ću menjati. Na kraju krajeva, zaključila sam, to je najbolji način da upoznam svaki deo grada i tada ocu izađem na crtu. On se uvek dičio kako je, kao student, prepešačio Beograd uzduž i popreko. Znao je gde je koja ustanova, autobuske i tramvajske linije, okretnice, pošte, pijace. Ribao mi je nos svaki put kad bih pogrešno imenovala neku ulicu. – Znaš li ti gde je to? Onda bi iz fioke vadio kartu grada i pozivao me je da se i sama uverim, zbunjujući me onim ciframa razmera. – Promašila si za kilometar! Jednom, govorila sam sebi, on neće znati gde je neka ulica, ja ga čekam tamo da mu vratim, duplo.

 A godinu dana kasnije, mimo očekivanja, nisam mogla da se „snađem" u gradskom prevozu. Autobusi su stalno kasnili. Šoferi su preskakali stanice ili vozili poluzatvorenih vrata. Na krivinama su izvodili takve manevre da bi se čovek, ukoliko nije ukopan na mestu i ne drži rukohvat čvrsto, zalepio za drugi kraj autobusa. Ljudi su izlazili na prvoj sledećoj stanici, krstili se i mrmljali sebi nešto u bradu. – Ko ti dade volan u ruke?! – dobacivali su tek pošto bi se našli na sigurnom.

    Neki stečeni osećaj reda još je kolao venama, pa je svet bio zatečen onim što se događa. Kao da se dešavalo nekom drugom. S vremenom, izrazi lica su postajali bešnji, a glas se dizao i bez jasnog povoda. Karte, karte, urlali su kondukteri. Njihova pojava je ličila na scene iz serije „Otpisani". Kretali su se u čoporima, ali neprimetno, bez prepoznatljivih uniformi i oznaka. Priđe ti i pita za kartu, ti kažeš nemam, a on podigne jaknu gde na unutrašnjoj strani stoji legitimacija ko je i šta je. Onda ti da znak glavom da izađeš. Nisi ni ustao, a drugi te već hvata za mišku i prosleđuje do izlaznih vrata. Ostali putnici i ne vide tvoj sprovod. Oni smeliji, češće žene kondukterke, zavlačile su ruke u tuđe stvari. Sećam se devojke koja je, zbog vike jedne, isprepadano otvorila torbu. Izvadila je novčanik i prebirala po pregradama tražeći markicu. Videla sam joj na licu da ne zna koji je dan u mesecu. Pronašla je i tek tad shvatila da je zaboravila da kupi novu. Izvinila se i ponudila da plati kartu. Uzalud. Kondukterka je primetila ličnu u novčaniku, bez pitanja je uzela i krenula da izađe iz autobusa. Presuda je bila jasna, devojka treba da pođe s njom ili nema više ličnu kartu. Kazna je verovatno deset puta skuplja, pomislila sam. Ko zna, možda je toliko zapela, jer dobija deo zarade?!

    Putnici su uskoro shvatili igru i kogod je mogao, reagovao je silom. – Nemam ni za hranu, a ne da platim kartu! – govorili su spremni za obračun. Neki su samo čekali da im kondukter zapreti. – Ti ćes da me izbaciš? Hajde, zajebi se! Nemoj, bre, da utripujem sad da si mi ti kriv za sve. Najeb'o si matori!

Čula sam da su nekim ljudima u autobusu doslovno sedali u krilo. Po principu, ne mogu da čekam dok ne siđeš, a i da budem siguran da će ovo mesto da ostane za mene. Da čovek ne poveruje?!

Bilo je u prevozu tih godina i zanimljivih scena. Krcata sedamnaestica okreće kod Geneksa i izbija na Bulevar. Autobus nagnut ide već neko vreme. Imaš utisak da će se prevrnuti. Unutra čovek jedva da može da se okrene. Ukoliko želi da izađe mora, po nekoliko stanica unapred, da krene prema vratima. U suprotnom, nek zaboravi da će sići. Stajemo, vozač pritiska dugme, ali se vrata ne otvaraju. Ne mogu, ljudi leže na njima. One koji bi da izađu odjednom hvata panika, pa se, bez pardona, guraju. Tek uz viku probijaju se do izlaza i napuštaju vozilo. U prvom trenutku koristiš nastali prostor da se protegneš, u drugom već osećaš novu navalu i pritisak. Prati ga ona čuvena:

– 'Ajmo sredina.

Svako se bori da se ugura u taj kontejner. Ko zna kad će da dođe sledeći?

Mladići, njih petorica, hvataju se u zamišljeno kolo. Rukama se obrglili i skaču u mestu. Umiru od smeha vičući:

– Gde si sada, Ginise? Gde si sada, Ginise?

Kakvo olakšanje?! Smejala sam se i tada i satima posle. Ulepšali su mi dan. Ima, ipak, jedna epizoda na koju ne umem ni danas da se nasmejem. Bila sam premlada, pa mi se duboko usekla. Dan je bio običniji nego neki drugi. Očekivan raspored u školi, nisu bili skraćeni časovi, niti je bila radna subota. Nije bilo demonstracija, niti koga da poželi da prevrne tramvaj iz ležišta. U takvom, najobičnijem danu vraćam se ja iz škole. Nemam nikakve planove, posebno ne one koji bi, kažu, priličili mojim mladim godinama. Imam samo želju da što pre stignem kući i uvučem se u nečiju, tuđu priču ili pesmu. Autobus pun, ja na sredini između prvih i drugih vrata. Stojim uvek blizu šofera, jer sam prisustvovala sceni kada se vozilo skoro raspalo na pola. Otada gledam da sam u prvom delu iako i dalje mesto na zadnjoj platformi smatram prestrižnim. Tamo su uvek smelije priče, drski jezici i dobre fore. No, danas se bira glava na ramenima, pa bila ona i bezvoljna.

Ljudi dobacuju, pritiskaju rebra onima koji bi da izađu, udaraju u potkolenice one što ulaze. Jedna gospođa me uporno gazi, što i nije neki problem, ali kad uz huktanje krene da mi vitla rukama ispred glave, jer ne može da dohvati dršku, ne znam kud bih. Zavrti mi se. Nema vazduha i buka je, jedva stojim na nogama. Pokušavam da ne mislim na to šta se događa oko mene i govorim sebi da će uskoro doći stanica kod pošte, a posle je sve lakše. Autobus će biti poluprazan, moći ću obe noge da držim na tlu. No, autobus mili, krene pa stane, vise ljudi na vratima pa vozaču, izgleda, nije svejedno. Ja sam potpuno malaksala i odlučujem da izađem na sledećoj. Ići ću odavde pešice kući taman mi trebalo dva sata. Sve je bolje od ovog pakla.

– Izvinite, da li izlazite na sledećoj? – pitam ne bi li zamenili mesta, tako sam bar malo bliže vratima.

– Otkud to, taman sam se smestila i ti bi sad napolje? – povisila je ton i namrštila se kao da je ne pitam nešto što dolikuje takvoj situaciji.

– Da, na sledećoj, ako biste bili ljubazni – i pokušavam da se pomerim. Ona me iznenađuje, jer se ukopava ispred mene. Steže vilicu i odjednom počinje da niže rečenice. Čitavog monologa se i ne sećam. Nešto kao: mi, valjda đaci ili, pak, svi drugi koji nisu ona sama, mi smo van pameti. Ne shvatamo ništa i nije nam stalo ni do kakvog reda. Znalo se nekad kako se sa takvima postupalo. Treba nama dati kramp u ruke i oterati nas zorom na posao. Mi smo neradnici. Šta će oni sa nama takvima?!

I onda ta rečenica, nju pamtim od reči do reči:

– Da saosećaš sa ovim teškim trenucima po tvoju zemlju, ti bi, mala, odsekla tu kosu!

Izašla sam iz autobusa kao da bežim iz zgrade koja gori. Udari srca odzvanjali su mi u ušima. Lice te žene ne mogu ni danas da zaboravim. Ludilo se iz njenih očiju pretakalo u njene reči, a one su usisavale i ono malo vazduha koji smo delile jedva dišući od zapare. Nisam uspela ni reč da joj uzvratim, u trenutku sam se zaledila.

Šta je htela da mi kaže, nisam sigurna. Puno je mogućih interpretacija. Možda je, eto, samo pobesnela i izgovorila sve što joj je bilo na pameti, a ja sam u ovoj priči bila nebitna. Znam mnoge koji su mi rekli da je trebalo da je opsujem. – Ludača se iživljava, jer si slaba. Prizovi se pameti! Vrati joj sledeći put istom merom – savetovali su mi. To je neko geslo koje vredi u sumanutim dimenzijama preživljavanja. Izvadimo močuge i udri. Kad svi oko tebe reže i ujedaju, zar ti preostaje išta drugo nego da i ti pustiš očnjake?!

Te reči, otrovne i teške, taj govor, napregnut, pun besa i zlobe, postao je naš uobičajen način komunikacije. Zastaneš li kod lifta duže od minute, čućeš ga kako dopire iz svih stanova. Tako se govori i sa komšijama, na ulici, u prodavnici, pošti ili banci, na poslu. To je dospelo i na televiziju. Svi se utrkuju da nekom nabace šut na glavu, u lice, u oči. Neko vreme smo se zabavljali gledajući prenos iz Skupštine. Dragi Bože, čega tamo nema?! Polivaju se vodom, psuju, prete, tuku. I govore koješta, bez odgovornosti. Najgore je što nakon nekog vremena većina ljudi više nije svesna reči koje izgovara. Još bi se i zakleli da si ti sve to izmislio?!

I ta priča od tada traje, već godinama je sve isto. Odeš u poštu da platiš račun i zbuni te zbog nečeg onaj poziv na broj, a devojka na šalteru ti mrtva hladna kaže: Možda ćeš to naučiti do kraja fakulteta! Tuš. Ili još bolje, vidiš poznanicu koja je trudna, a promaklo ti je. Niste se sreli dugo i onako uz osmeh kažeš: Jao, trudna si, čestitam! Ona će: Pa neću, valjda, tebe da čekam?! Tuš. Kada sam vadila novu vozačku bila sam među prvima u gradu. Iskoristila sam vreme zimskog raspusta da obavim sve to što inače ne mogu da stignem kad polugodište krene. Sve je prošlo uobičajeno. Čekala sam satima, dolazila dva dana, ispravljala grešku što i posle jedanaest godina posedovanja vozačke dozvole ne postojim na spisku u Ljermontovljevoj. A onda sam posle nekoliko nedelja pozvana da dođem u stanicu policije. Naime, moje ime, moji podaci, moja slika, ali potpis ispod nje, ako se dobro sećam, izvesnog Dimitrija Pantića. I naravno, ispada da je to moja greška. Službenik mi je, umesto izvinjenja, lepo objasnio: Ako vam, gospođice, ne treba vozačka, ne morate ništa da radite. U suprotnom, šalter je tu. Tuš.

 Prvo što čovek primeti kad otputuje negde izvan zemlje, na odmor, poslovni put ili u posetu rodbini, upravo je način na koji ljudi komuniciraju. Ne sikću. Ljubazniji su i predusretljivi, naročito državni službenici. Televiziju da ne pominjem. Lako bih se uvukla u te priče. Uvek mi je, pri povratku, trebalo nekoliko nedelja da dođem sebi. Sećam se da mi je drugarica u pošti, u Zmaj-Jovinoj, nakon što sam službenici uputila nekoliko puta reč hvala uz osmeh, rekla vrlo ozbiljna:

– Čuj, vidim da si u zenu, sjajno. Ali, zar ne vidiš kako nas i ona i drugi ljudi gledaju?! Daj, nemoj da si previše ljubazna. Pomisliće da ih ismevaš. Još ćemo i popiti neke batine!

Kad živiš u takvom svetu, zar nije onda događaj kad te kondukter u autobusu tretira kao čoveka?!

Pošla sam prema izlaznim vratima spremna da izađem na sledećoj stanici.

– Oprostite, nemam za kartu, zaboravila sam novac – rekla sam očekujući da će me verbalno napasti.

– Sine, sedi, samo ti sedi – nadovezao se mirno.

Ostavio me je u rebusu. Možda je neka nova taktika?! Vratila sam se na sedište prateći ga krajičkom oka.

Autobus je bio poluprazan, niko normalan, bez potrebe, nije izlazio po takvom kijametu. Duvalo je toliko da si jedva čekao da šofer zatvori vrata.

– Kuda ćeš po ovom vremenu? – nastavio je on u svom očinskom stilu, ali sam ja bila, i dalje, u gardu. Nikad se ne zna.

– Luftiram glavu od učenja – pokušavala sam da zvučim što opuštenije da ne bi namirisao strah i izvadio motku.

– Pretpostavio sam, ličiš mi na onu moju kod kuće. Šetnja joj je jedini predah – dodao je i, kao da ne primećuje moje rezervisano držanje, seo pored mene. – Ne izlazi iz sobe kad ujutru u nju uđe. I tako svaki dan. Svi govore da je diploma danas tek papir, a niko ne pominje rad i trud. Žao mi vas je.

Nije vama, deco, lako! Niste izabrali dobro vreme da budete mladi.

Gledala sam nekud ispred sebe i ćutala. Odjednom sam osetila podrhtavanje, oči su mi zasuzile. Nisam znala šta me je spopalo, nisam bila u pms-u. U stvari, znala sam. Dirnuo me je. Sve vreme sam se trudila da naučim da budem debelokožac, a, eto, lepa reč bi mi, začas, skliznula pod kožu i ugrejala me. Upijala sam svaki detalj tog trenutka želeći da verujem da ispod naslaga sveprisutne grubosti takav obzir u ljudima još postoji.

Pogledala sam ga i osmehnula mu se.

Autobus je ušao u stanicu.

– Samo ti sedi – pokazao mi je rukom i ustao.

Napravio je nekoliko koraka, pa je stao i vratio se. Po izrazu lica mogla sam da zaključim da hoće nešto da doda.

– Recite?!

– Noć je, sine, kako ćeš nazad kući? – pitao me je zabrinuto, a ja nisam znala kud to vodi.

Odgovorila sam mu, međutim, iz topa.

– Sestra me čeka – i tu mi je kliknulo zašto me to pita, pa sam opušteno nastavila. – Ne brinite, sve je pod kontrolom.

Ugurao mi je tri dinara u ruku, zatvorio mi je šaku, nasmejao se i rekao:

– Ako ona dođe, dobro, a ako ne dođe, eto da, opet, bude dobro. Živa bila!

Kao da je vreme stalo, godine koje su se nizale ličile su mi jedna na drugu. Moj svet je, sa njima, postao skučen i jednoličan. Dugo vremena nisam izašla iz grada. I kada bih, kasnije, nekud otišla, sve je trajalo kratko i nije donosilo oduška. Retko sam izlazila. Uglavnom smo se okupljali po stanovima. Bila sam upućena na uzak krug ljudi: drugarice iz naselja, neke iz srednje škole i na one sa kojima sam studirala.

Živela sam pod roditeljskim krovom ne brinući o pukoj egzistenciji. Odmalena posvećena školovanju nisam ni pomišljala da odustanem od fakulteta i pronađem posao. U svetu oko sebe ionako nisam videla zdravorazumske smernice, pa mi je bilo logičnije da mu se ne pridružim.

Okrenula sam se svojim studijama. Jedinu živost, tih godina, otkrivala sam na hodnicima fakulteta, u slušaonicama i gradskim bibliotekama.

Tonula sam lako u knjige, pripremajući se za vežbe, a potom i za ispite. U tim svakodnevnim obavezama i kontaktima pronašla sam i smisao i utočište.

Dublje zalaženje u literaturu, međutim, menjalo je perspektivu iz koje sam gledala život. Knjige su mi jasno pokazivale koliko su se već puta događaji, kojima je obilovala moja stvarnost, ponavljali kroz vreme i kakva smo naličja života mi, ljudi, već odživeli. Svesnija da se stradanja, problemi i strahovi slepo prenose unedogled, sumnjala sam da budućnost donosi boljitak.

Nespokojna i razdražljiva, razboljevala sam se lako i često. Običnu prehladu sam nosila nedeljama, vidno sam gubila kilograme, zbog krvne slike sam odlazila u laboratorije mnogih gradskih domova zdravlja i bolnica.

Tražila sam rešenje. Išla sam redovno lekaru, čitala časopise o ishrani, slušala ljude koji su isprobavali ono što zovemo alternativom. Htela sam da pomognem sebi. A kako? Gospodin Haos, kako ću svoj nemir nazivati mnogo godina kasnije, od neželjenog gosta pretvorio se u tiranina, odomaćio se i zauzeo kormilo mog broda. I umeo je da me vozari tamo-amo, bez reda i cilja, dok ne izgubim orijentaciju.

– Ćale mi kaže da si našla novu kozmetičarku – rekla mi je nehajno sestra spremajući se za izlazak.

– Da, predložila mi je tvoja drugarica.

Njoj veruje, znaju se od osnovne. Obe imamo problema sa kožom, pa svakodnevno, da li sa jedne ili druge strane, sluša o uzaludnim naporima da se rešimo upala i rana po licu.

– Nisam znala, kakva je?

– Lik, radikalna.

Do tada sam probala sve što se nudilo: Doroslovac, sumporno mleko, posebne sapune, pare i obloge od bilja, klasične tretmane sa ceđenjem i iglama, lekove. Spisak bi bio predug ako bih sve nabrajala.

– Šta ta radi? – pitala je vadeći haljinu iz ormara.

– Ima posebnu tehniku. Koristi piletinu, prsa naročito i moči ih u neke antibiotike, pa ih onda razvlači po koži dok ih ona ne upije – brbljala sam detaljno joj objašnjavajući proces i ne primećujući da ona stoji kao ukopana preda mnom.

Navlačila je haljinu preko glave i usred mog izlaganja podigla ruke. Zadržala ih je trenutak-dva u vazduhu, dok joj se tkanina nabirala oko vrata. Kao da su je moje reči toliko zatekle da je usput zaboravila kako da haljinu navuče preko ramena i pusti je da sklizne.

– Šta radi?! – obukla ju je i tek tad sam primetila njen izraz lica. Iskolačila je oči.

– Ti se šališ? – izgovorila je skenirajući me od glave do pete. – Ne šališ se. Ti si potpuno poludela, majke mi.

– Što? – pitala sam ja, pomalo i iznenađena.

– Čekaj, još mi ovo nije jasno – nastavila je prikupljajući podatke, poput detektiva – ćale ti kupuje piletinu i zna zašto?

– Da – kazala sam, ali ni reč više.

Pritisnuvši neko dugme koje sad ne može da se vrati, slušala sam prediku dugu kilometar-dva:
— Koji ste vi ludaci?! Ne znam samo kako da vas poređam: ta žena, ti, pa ćale ili ti, ćale, pa ona. Vi ste svi mentolčine, za primer. Ne mogu da verujem! — ponavljala je više puta držeći se za glavu.
Otvorila je vrata naše sobe i, ne prekidajući svoj glasan monolog, ušla u dnevnu. Iako je svaka njena reč samo dolivala ulje na vatru, nije posustajala. Tata se branio da je hteo da mi pomogne. Nije ni pitao o čemu se radi. Još i o tome da brine?! Sad je i mama saznala i katastrofa je postala kompletna.
— Vodi me sutra kod nje. Hoću da je ja upoznam. Hoću da meni pomogne — naglašavala je svaku ličnu zamenicu tonom koji je šibao po sobi. — Prevarant, kako ti nije jasno? Slep bi to video. O čemu ti razmišljaš? Serviraš joj ručak za džabe. Da je meni da znam šta je tebi u glavi?! — grmela je okrećući telefon da proveri sa drugaricom da li je sve to istina.
I stvarno je, sutradan, otišla sa mnom. Slušala je, tobože zainteresovano, šta ova ima da joj kaže i onda bezobrazno pitala da li za nju može tretman bez pilećih prsa. „Doktorka" je jasno videla s kim ima posla i požurila da nas isprati poručivši preko one drugarice da bi, zbog nastalih nedoumica, bilo bolje da prekinemo saradnju.
Zapamtila sam tu epizodu i mnogo puta je se, kad nešto odlučujem u životu, setim. Nekad mi je

teško da poverujem da sam ona iz te priče ja, a nekad, opet, nije. Ko nikad nije bio na vetrometini svojih unutrašnjih bura, ne zna koliko je čovek, doveden do ruba, očajan i spreman da poveruje u najveću ludost. Da bismo napravili pravi korak potrebna je, za početak, mirna glava. Poznajući nemir one, bivše ja, znam da ona luta. Danas zato umem da je, u mislima, potražim i pomilujem. Ne sudim joj i ne stidim je se.

Pre tih godina nisam ništa ni načula o pseudostručnjacima, i onda odjednom, gotovo preko noći, bilo ih je u svakom ćošku grada. Njihove preporuke su išle od usta do usta i sve su nosile poruke izbavljenja. Bez puno pitanja o ceni, onako načeti, kupovali smo unapred svako obećanje. Usput sam se naslušala brojnih, sličnih primera svojih poznanika i prijatelja, pa sam shvatila da sam tek jedna u moru izigranih. Šta je tu je, slegali smo ramenima, i okretali sve na šalu. – Hoćeš sad da ti nabacim čini(je) na glavu! – rečenica je koja je, tih godina, mogla da prekine svaku raspravu i nasmeje nas do suza.

Ne bih se nikad obratila kojekakvima da sam u zdravstvenim ustanovama tih godina mogla da pronađem lice od pomoći. Nisu mi, do devedesetih, nikad bili potrebni. U mojoj kući se o bolesti nije ni razgovaralo. Nismo imali arsenal lekova, niti potrebu da za njima posežemo. Sećam se jasno da su dva leka obeležila celo moje detinjstvo. Doživljavala sam ih kao čudesna rešenja iz torbe samog Sport Bilija. Kada ni odmor sa puno smeha ni topao čaj ili supa ne bi oterali zamor i grlobolju, dali bi mi andol. Bio je u maloj zelenkastoj kutiji, slično onoj za cigaret-žvake. Uzela bih jedan i to je bilo sve. Bol je nestajao preko noći. Drugi je bio bivacin u prahu. Kada bi se ranjavi vratili iz dvorišta, tata bi nas redom oprašivao sipajući po rani malu dozu. Uveravao nas je, pritom, da ne brinemo i da će kosti, ispod odranih laktova ili kolena, sada biti još jače. Ja sam mu verovala.

Nikad nisam izostajala iz škole. Posle obaveznih sistematskih pregleda, dežurni lekari su mi, kao nagradu, i to ne jednom, davali opravdanje od sedam dana. Nikad ga nisam iskoristila.

Moja bolovanja su krenula iznenada. Naviknuta da uvek budem na nogama, da imam rešenje sa kojim sve brzo prođe, i sama sam se pitala šta radim pogrešno. Jela sam što i svi moji ukućani, udisala isti vazduh, a opet, samo sam ja bila na kontrolama, ruku ranjavih od uboda, večito umorna i sve uplašenija. – Treba da jedeš konjsko meso – savetovali su me. Konjsko meso?! U Srbiji, devedesetih?! Ma, bilo koje decenije?! – Mala drži dijetu, a ovamo bi da bude zdrava – slušala sam kako zlurado dobacuju za mnom ne čekajući ni da se vrata ordinacije zatvore. Prvi napad alergije me je zatekao u autobusu, na putu ka školi. Odjednom nisam mogla normalno da dišem, zamaglio mi se vid, osetila sam ošamućenost. Kad su počeli da mi bride delovi lica, obuzela me je panika. Sreća je da je tadašnji dečko bio sa mnom, pa mi je pomogao da siđem na stanici i pridržao me je do ulaza u Dom zdravlja. Lice mi je, u međuvremenu, potpuno oteklo. Kapci, usne, obrazi, sve se nadulo i sjedinilo u bezobličnu masu. Ljudi su bežali od mene na hodniku i u čekaonici, okretali glave na drugu stranu, kao da sam u filmu „Variola vera". Videla sam užas na njihovim licima i kroz maglu ispratila paniku doktorki koje su me u dahu položile na krevet i ubrizgale adrenalin pod kožu. Mama me je našla na stanici, sat kasnije, na putu s posla i briznula u plač istog momenta. Bila je preneražena, čak je i pomislila da sam imala saobraćajnu nesreću. Nisu imali ni vozilo ni gorivo, rekli su mi da odem peške do bolnice, tu ne mogu više da mi pomognu.

I tako ukrug, godinama. Nejasne dijagnoze i neadekvatne terapije. Povećavali su mi doze antibiotika iz nedelje u nedelju, kao da su bombone i slali od jednog do drugog specijaliste. Tapkali su u mraku sve dok lekarskim, kao i medijskim, rečnikom nije zagospodarila reč stres. A onda su njome svi sve objašnjavali. – Najbolje bi bilo da zimi odeš na planinu na desetak dana, a leti isto toliko na more. Gde ovi ljudi žive, pitala sam se. Odmor je odavno postao nedostižan luksuz. Uostalom, šta ću sa preostalih trista četrdeset pet dana u godini u kojima su svi putevi do mira postali neprohodni?!

Nisam ni sa tim iskustvom bila izolovan slučaj. Ljudi su sve više posustajali pred naletom briga, poraza i tuge. Bolest je ulazila na velika vrata u sve domove i, do kraja devedesetih, nisam poznavala mnogo porodica koje nije barem okrznula. Uz neizvesnost otkrivenih dijagnoza, suočavali smo se i sa neprimerenim tretmanom medicinskog osoblja. Neodmereni komentari, koristoljubiv pristup i neodgovorno, a nekažnjivo ponašanje. Godinama sam pokušavala da umirim ljutnju i nekim drugim očima posmatram lica u belim mantilima. Radili su previše, bilo je puno pacijenata, nisu imali sredstava, i oni su imali decu ili roditelje o kojima su brinuli, ređala bih u sebi. To me je osvestilo, pa sam krenula u potragu za balansom i, od rešenja koja postoje, sama sam pronalazila ona koja meni znače. No, i danas pamtim onu nebrigu, posebno prema mojim bližnjima, i ne umem da im oprostim.

Jedne jeseni nas je mama, posle ručka, pozvala za sto:

– Treba da razgovaramo.

– Šta se desilo? – gledali smo u čudu jedno u drugo i vrteli glavama zbunjeni.

– Tata ide na operaciju sledeće nedelje. Morate da mi pomognete – mislila je na sve što predstoji jednoj porodici kad se suoči sa tom okolnošću: od vođenja kuće do razgovora sa tatom, telefona koji će zvoniti, prevoza, brige oko psa, na sve.

Bila sam iznenađena. Moj otac je poprilično agilan, samodisciplinovan i vodi uredan život. Njega do tada, zdravstveno, ništa nije pogodilo. Za svojih već dvadeset i kusur nikad ga nisam videla u krevetu. Tu i tamo neka prehlada koju bi odležao bez zanovetanja, spreman da i sutradan doprinese, kako bi to on, korenika, rekao. Ova priča je išla malo drugačije. Nije se baš snašao. Ćutao je, povlačio se u sobu, pogled je bio staklastiji, a pokreti tela bojažljivi. Znali smo da niko nije smeo da izgovori ništa što bi ga obeshrabrilo.

Čekaonica, kao tolike, tata nam pokazuje sobu i upoznaje nas sa ljudima sa kojima se sprijateljio u međuvremenu. Ovo mi je starija, ovo je najmlađa, sin, pružamo ruke i otpozdravljamo. Vreme je poseta i doktor je negde na odeljenju. Jutros je bila vizita i treba da ga potražimo. U sledećem trenutku shvatam da tata i neće ići na operaciju, jer moramo najpre da pribavimo neophodan medicinski materijal. Doktor nam pruža spisak potrepština i govori da bi on već sutra ujutru mogao da ga operiše. Najveći problem je, međutim, kateter. Ne može da se kupi nigde u Beogradu. Već mesecima šalju ljude kući i čekaju da ga lično nabave. Oni su nemoćni. – Ako ga budete našli, javite mi se – slegnuo je ramenima. Tata guta knedlu, mama postaje nervozna i traži mesto gde bi mogla da zapali cigaretu. Ja sam se tek vratila sa dužeg odsustva i nastupam nepokolebljivo ne pristajući na odgovor da nema rešenja. – Naći ćemo ga, budite bez brige, prijatno. Ne govorimo mnogo jedni drugima, jer smo se uplašili.

Već u sledećem trenutku smo se razmileli po ulicama, u dve grupe: sestra, brat i ja, kao u špijunskim filmovima. Poznajemo dobro taj deo grada i znamo da postoje zavučene apoteke za koje niko od, tek pridošlih, ne zna. Ulazimo u najbližu i najveću. Pružam devojci papir i ona štiklira, ništa nije problem, zaključuje, osim katetera. Vlasnik apoteke se pojavljuje iza nekih vrata. Jasno je to po držanju farmaceutkinje, sva se stegla. Naručio je, govori, jer je potreba velika. – Nećete ga naći, ja sam već probao. Zahvaljujem uz osmeh i izlazimo.

Lutamo unaokolo i u svakoj sledećoj apoteci slušam isto. Vidim sestru preko puta ulice koja vrti glavom i odmahuje rukama. Osećam zebnju, iako ćutim o svemu. Još verujem u dobar ishod. I onda, kao da nas je neko poslao u tu ulicu, pronalazim dotad nepoznatu malu apoteku. Ulazim, pitam za ono što nam treba i gospođa mi potvrđuje. – Imam – odgovara kao da tražim flaster. Osećam nevericu i radost. Znala sam, govorim bratu, imala sam ludi osećaj da ćemo ga naći. – Nije Beograd na kraju sveta! Sluša moju priču o tati i deficitima u bolnici, nije, kaže, znala i pruža mi račun. – Recite ljudima, ako pitaju, da imam još. Doviđenja.

Žurimo nazad, sestra nas je videla i po hodu shvatila da smo ga našli. Pridružila nam se.

– Imamo ga, hajdemo samo do one prve apoteke, tamo ćemo da dokupimo sve i gotovi smo.

Uzbuđenje ne jenjava, mada sam ja prestala da se brinem. Sve će biti u redu.

– Otkud vi?! – govori vlasnik prepoznajući nas.

– Nećete verovati – ja uz najširi osmeh na svetu pričam o pronalasku, kao da je naizmenična struja sa početka veka. U svom sam svetu i ne slutim šta dolazi.

– Ih, ta nesposobna, ona ima kateter?! Da sam znao, još jutros sam mogao da ih sve pokupujem. Zaradio bih sada na vama duplo – govori mi u lice, bez stida.

Ja ne mogu da zaustim, zastala sam usred rečenice poluotvorenih usta. Od tog momenta se ne sećam jasno svega. Osetila sam nekog na ramenima, a stvari, poređane na pultu preda mnom, popadale su na sve strane.

– To mi je za ćaleta, debilu! – urla iza mene brat i tek sad izbacuje nervozu sa kojom se, i da ne znam, nosi. Sav grč iskaljuje u gomili psovki kojima besno reže prostor apoteke.

– Nemoj – govorim, možda i za sebe, dok vitla svojim rukama preko moje glave.

– Nemoj, brate, pusti kretena – čujem sestru koja pokušava da ga zadrži. On se otima sav razjaren. Ne možemo da ga savladamo.

– Zoveš muriju – napinje se iz petnih žila gledajući kako apotekar uzima telefon u ruke. – Zovi ih! Bolje da oni dođu po mene, nego da tebe Hitna

kupi! – ne odustaje stežući vilicu. – To mi je za ćaleta, ubiću te!
U sledećem trenutku sestra i ja se penjamo uz stepenice do odeljenja gde tata leži. Zamalo smo promašile mamu, koja je, na tren, izašla iz sobe u hodnik.
– Našli ste?! – još ne veruje, iako vidi da klimamo glavama. Lice joj se polako razvlači u blagi osmeh.
– Sve je tu. Treba da nađemo doktora. Je li tu? – govorim.
Žurimo u pravcu ordinacije.
– Stanite – okrećem se na mamin glas.
Ona mirno prelazi pogledom preko sestre i mene. Nešto joj, očito, nije jasno, jer me gleda kao da me prvi put vidi.
– Jesi li ti bila u ringu ili u apoteci? Na šta to ličiš?
Ćutim, jer ne znam šta bih joj rekla. Nakon nekoliko sekundi okrećem se prema sestri, a ona mi prilazi, namešta kosu i prstima briše maskaru sa lica. Razmazala se, nisam ni znala.
– Tamo ti je toalet – pokazuje mi mama rukom – doktor je tu, imamo vremena. Sredi se.
– A gde vam je brat? – pita onako usput pošto je već krenula da javi tati, i ne čuje nas.
– Čeka nas napolju – odgovara sestra. Nas dve se gledamo svesne da ćemo joj celu priču prećutati.

Pišu i govore da nedaće podstiču veće zajedništvo među ljudima. Ista patnja briše neke spoljašnje razlike među nama, a ista potreba budi svest o deljenju. Ja se nedaća sećam, ali skoro da ne pamtim prizore jedinstva. Štaviše, znam da sam tek sa nedaćama postala svesna koliko je svet, u stvari, razjedinjen. Umesto ljudi preda mnom su tad defilovali predstavnici brojnih i zaraćenih tabora: ovi odavde i oni što su došli, ovi današnji i oni od juče, ovi iz grada i oni preko mosta, ovi „socijalno inteligentni" i oni gubitnici, ovi koji znaju šta hoće i oni koji mlate praznu slamu. Bila sam ona koja pripada i ovde i tamo, ali i ona koja ne pripada ni ovde ni tamo. Tako sam otkrila da se i u punoj kući, i u jednom dvomilionskom gradu, može biti sam samcijat.

  Razjedinjenost među ljudima produbljivala je osećaj stida. Jedan smo uspeli da upakujemo u lep celofan, pa se i danas smejemo kolačima koji su se zvali embargo kolači. Eto čuda, pa Srbi izmisliše i desert bez jaja?! Usvojili smo onaj manir da odbijamo da sredimo stan ili sašijemo nov kaput, jer tobože, nisu zanatlije što su nekad bile. Danas samo hoće svi da nas prevare. Nemaš ni za nes-kafu, a ovamo nosiš majicu koju će primetiti i time te, bar za trenutak, izvući iz mase davljenika kojoj bi da utekneš. Lažeš da ne kupuješ i veš na sklepanim uličnim bazarima, da su ti ulošci s krilcima neodsanjan san. Izbegavaš svaki poziv da izađeš, jer s čim i u čemu. Sediš u biblioteci i satima čitaš i proučavaš štivo koje ne može da se iznese, ali može da se fotokopira; može, ali ti kao nećeš, pa izmišljaš stotinu razloga da to objasniš drugima.

 Svakom je njegova muka najteža. Donedavno je, kažu, čovek i u nemanju mogao da bude dostojanstven. Dizao je glavu pokazujući na čist obraz, uredno odelo i pošteno obavljenu dužnost. Danas, svi bi da se narugaju. Sve da se sagovornik smanji do zrna, nije dovoljno, treba ga ćušnuti još dublje.

 Oni koji su odjednom izgubili toliko, u neverici su dočekivali udarac za udarcem. – Ne može ovo doveka, ne može ovako da se živi. A sve ide dalje u pravcu koji se čini još nerazumnijim. Zaglavljeni, kao u limbu, nikako da shvate da ne mogu nazad. A kud napred? Prihvatanje novonastale situacije je za mnoge bilo gotovo nemoguće. Sa čim da se tačno pomirim – mogla sam da pročitam na njihovim licima – da nemam ništa ili da ni ja ne postojim?

Pamtim jednu epizodu sa svojim tečom. Nisam kao dete ni znala koliko je bio uticajan u svom kraju. Kada smo se okupili, nakon dugih godina, u izbegličkom centru, veoma se obradovao. Bio je srećan što sam mu došla u posetu i vodio me je unaokolo da me upozna ili podseti na lica koja su se, u međuvremenu, promenila. Prvo veče me je pozvao k sebi i izvadio najveću novčanicu iz džepa rekavši mi da se provedem i sve popijem. Pokušala sam da ne uzmem novac, imala sam dovoljno i bilo me je sramota što mi, u takvoj situaciji, uopšte, nudi. Nije hteo ni da čuje.

– Znam da imaš, nije u tome stvar. Idi i potroši, ako nećeš u svoje, učini to u moje ime – okrenuo se prema prozoru, a ja sam se obuvala gledajući u tetku.

Pružala sam joj novac nazad, a ona je odmahivala rukom. Dok sam izlazila iz sobe čula sam ga da govori, ne okrećući se, sebi u bradu:

– Nek si ti meni došla. Nek i mene sada neko poznaje.

I danas, čak i kad to ne želim, detektujem svaki stid u čoveku preko puta sebe. U tome što tek naslućujem, ja poznajem trpljenje i želju za begom, u onaj svet u kojem vlada razumevanje i prihvatanje. Blago onom ko ga, najpre, otkrije u sebi.

Jednog juna devedesetih godina bila sam presrećna. Uspela sam da već u junskom ispitnom roku dam uslov za sledeću godinu studija. Mogla sam da se posvetim preostalim ispitima i leto provedem bez tereta nad glavom. Činilo mi se, a to je često slučaj, da kad se nešto lepo dogodi i druge, još lepše, prilike dolaze u nizu. – A poslije mora dalje u svijet – pevala sam neiskusno kao onaj poznati glas na mom radiju.

Otišla sam kod sestre na posao da predahnem i popijem kafu. U radnji sam zatekla dve devojčice, od nekih šest ili sedam godina. To su bila deca sestrinih poznanica. Upoznale su se maločas, rekle su mi, a igrale su se nekim lutkama kao da to oduvek čine zajedno. Ja sam ih gledala s uživanjem misleći kako postoji neki prostor u koji neman ne može da se zagnjuri, sve i da hoće. Njih dve su tako slobodno prilazile jedna drugoj, zamišljajući dvorce i balove, slušajući jedna drugu na preskok i gradeći samo svoj svet.

I onda, usred smeha, jedna je podigla obrvu, onako kako to odrasli rade i upitala:

– A gde radi tvoja mama?

Druga je, bez razmišljanja, rekla – Tamo, u radnji – i pokazala rukom.

– Hm – dodala je ona prva – a da li je ona vlasnica ili samo radnica?

Znam da deca ponavljaju ono što od odraslih čuju i da mnogo toga što izgovaraju ne razumeju šta znači, ali mi je scena izgledala kao potresno uverljiva predstava stida. Gledala sam u njih bez daha. Primetila sam da se devojčica iznenada umirila. Verovatno je po držanju i tonu one druge shvatila da nešto nije u redu. Nije ništa rekla, uspravila se stojeći na korak od nje. Držala je rub haljine u jednoj ruci, a u drugoj lutku. U njenom ćutanju i pogledu videla sam zid iza kojeg se nekud povukla. Ona igra od maločas je tu, tek-tako, završena.

– Zar je stid ušao i u dečju igru? – spopao me je bes u sekundi. Znala sam da ću da napravim scenu ako se obratim majci te devojčice, pa sam požurila da izađem.

Kako je moguće da ovakve situacije svuda zatičem, pitala sam se. Gdegod bih pogledala videla sam gomile uplašenih i bespomoćnih koji su se skrivali od svoje senke. Nisu nalazili utočište nigde, pa ni u ljudskoj reči. Da li ja to prizivam ludilo ili je ono sveprisutno, preispitivala sam se.

Plakala sam na stepeništu ispred centra. Šta bi na moje prizore sveta rekao onaj književni kritičar koji se obrušio na delo Iva Ćipika? Setila sam se te scene dok sam čitala kasnije njegove redove. Gospodine pišče, zar nije dosta što ljudi žive u bedi, što zelenaši kolo vode, što su krenula iseljavanja i što preostale mori misao o sutrašnjici, nego im još, na svu muku, šaljete i sušu? Pa gde to ima? Književni postupci, znate, moraju biti, kao u životu, motivisani. Čime Vi, za ime Boga, motivišete toliki jad? Što je mnogo, mnogo je. Taman kad bih isto pomislila, videla bih stepenik, naoko nemotivisan, koji vodi još niže.

Kao da je neko navukao oblake na onu moju jutrošnju radost, nisam umela da je vratim. Potonula sam u neko stanje u kojem mi nije preostalo ništa drugo do da dopišem potresni epilog još jednog dana: Na svaki dašak života, koji me za trenutak utopli i obraduje, nikne po jedan krajputaš ili neko obesi čitulju gde po pravilu, na mestu ožalošćenih, uvek pročitam svoje ime.

Prepričala sam tu scenu drugaru u autobusu sledećeg dana. Družili smo se od detinjstva, išli smo u isti vrtić i posle u isti razred osam godina. Zajedno smo bili i na školskim takmičenjima, često u istim ekipama na svakoj utakmici. Znamo se predugo i dobro da bismo glumili jedno pred drugim.

– Šta misliš – pitao me je – jednom, kad sve ovo prođe, hoćemo li znati više šta je „normalno"?

Mi smo se formirali u vremenu i uslovima u kojima se ni mnogo stariji nisu snalazili. Svako danas je bilo toliko zbrkano da se svako sutra činilo besputnim. Iako mladi, još neotkriveni i neispoljeni, s čežnjom smo, poput odraslih ljudi, umeli da govorimo o onome juče. Doduše, mi smo ga videli iz svojih, malih uglova.

Ponosno je bilo biti odlikaš u vreme kada sam pošla u školu. Moj razred je bio često najbolji u generaciji. Takmičili smo se ko će više i ko bolje. Oko nas je vladala atmosfera vere u moć znanja. Imali smo toliko emisija koje su nosile poruku da je bolje znati i beskorisno nego li ne znati ništa.

I roditelji i društvo podržavali su naše školske uspehe. Moja sestra je satima sedela za trpezarijskim stolom i pod tatinom palicom rešavala zadatke iz Veneove zbirke. Mama mi je crtala životinje za domaći iz prirode i društva, preslišavala me je pesmice, a tata mi je pomagao oko tehničkog obrazovanja. Od šperploče smo pravili podmetače za čaše, od lima nekakve geometrijske oblike i on je, s posla, donosio makaze i one precizne turpije ne bi li mi doradio modele.

Nije propuštao nijednu priliku da proveri koliko poznajem tehničke principe. I sasvim obična situacija bila je povod da mi postavi zadatak iz matematike i proveri jesam li analfabeta ili tehnički pismena, što je značilo da imam soli u glavi i da sam spremna za život u 20. veku.

– Ej, daj dođi, pomozi mi na tren! – imala sam dvanaest ili trinaest godina, ne sećam se tačno. – Spremam koh i uzela bih ovu šerpu – pokazala sam mu dublju posudu od one koju mama obično koristi. – Ona stavlja manje jaja i griza, jer sprema za nas petoro. Sad će nas biti više. Hajde mi reci, šta misliš, hoće li ova biti dovoljna? – pitala sam njega zato što mame nije bilo na vidiku.

Rekao je što i inače:
– Uključi kefalo i naći ćeš odgovor.

Nakon nekoliko sekundi se nadovezao, verovatno s uverenjem da mi pomaže.

– Zar ne vidiš da posuda ima oblik valjka?! Zna se koja je zapremina takvog valjka: $V = \pi \times r^2 \times h$. Baci na papir i reši.

– Jao, ovo kao nisi očekivala?! – govorila sam tiho sebi gledajući ga kako, kao oparen, skače iz fotelje. Najradije bih se smejala, ali sam se držala za glavu i kolutala očima, dok je on, još neko vreme, obletao oko mene.

U takvim situacijama bi uzeo papir i olovku u ruke odlučan da odmah reši zadatak. Sve vreme bi mi naglas objašnjavao postupak, idući od jedne do druge nepoznate. Iako sam mnogo puta, slušajući ga, obećavala sebi da mi je to bio poslednji put da ga bilo šta pitam, bila sam nekako i zadivljena koliko toga zna i koliko se trudi da mi sve objasni.

Najzanimljiviji od svega bio je, ipak, kraj takvog brzog kursa koji se, po pravilu, uvek završavao onim večitim pitanjima bez odgovora:

– U koji ti ono razred ideš? Imaš li ti fiziku? Koliko imaš iz matematike? Nije mi jasno ko ti i kako predaje kad ti tako elementarnu stvar ne znaš?!

Novi uslovi življenja, samo nekoliko godina kasnije, menjali su, iz osnova, i odnos ljudi prema školovanju. Primorali su mnoge željne znanja da, nažalost, odustanu. Oni najbodriji držali su se tog smera, jer su im obećavali, roditelji ili pak rođaci, da će za njih posla biti. Oni prilagodljivi upisivali su ono što će se tražiti, pa će, eto, biti dovoljno konkurentni i time pošteđeni egzistencijalnog užasa. Sve manje je bilo onih trećih koji su, poput mene, išli putem svojih afiniteta.

Taj izbor dobio je, međutim, novu dimenziju. Gotovo bez uvežbavanja imala sam priliku da uživo učestvujem u za mnoge omiljenom delu čuvene Kviskoteke: pogađanje zagonetne ličnosti. Tri takve osobe bi u emisiji izašle na pozornicu, pročitale ime, prezime, zanimanje i igra detekcije je mogla da počne. Takmičari su nastojali da od tri ličnosti odgonetnu onu pravu, s bitnom razlikom što sad, u toj našoj živoj igri, nijedna nije mogla da bude prava. Umesto takmičara, ja i slični meni bili smo na vrućoj stolici, pa je naše predstavljanje zapravo zvučalo ovako:

Osoba A: Ja sam pala s Marsa, ali sam na svom putu.
Osoba B: Ja sam pala s Marsa, ali sam na svom putu.
Osoba C: Ja sam pala s Marsa, ali sam na svom putu.

– Od čega ćeš sutra da živiš? – pitali su jedni koje sam sretala tih godina. – Iz koje si ti priče?! Pa kome je danas stalo do prosvećenosti?! – retorički su poentirali drugi. – Ah, to je za dokone i razmažene, toliko ste osigurani i zaštićeni da vam preostaje samo da se bavite dušom – podvlačili su treći, ne bez zavisti.

Šta je u stvari „normalno", ko je uopšte normalan, bez prestanka sam pokušavala da utvrdim.

Svakodnevicu smo gurali anestezirani pred slikama posrnuća. Na malom ekranu se godinama smenjivao red užasa, red raspevanog užasa. Rat – pesma – inflacija – pesma – beskrupuloznost – pesma – skandal – pesma – tuga – pesma. Kao da je život postao nemoguć, preživeti je ostala jedina opcija. Preživljavanje je bezmilosni teren, prepun zlobe i nemara. Tu laži i stida ima na izvoz. Interesni bezobrazluk cveta kao korov. Vlada realnost isplativosti u kojoj se svako imanje, svaka sposobnost, svaka radost meri onim što drugi nema ili ne može. To donosi oreol uspešnosti, moći i ostvarenja. Sve što treba je uskočiti u tu fioku.

Biće u meni se opiralo takvom svođenju života. Zar je moguće da je ovo to? Zar svaka ljudska težnja vodi samo besnom i besmislenom paradiranju?

Kolikogod sam takva merila pripisivala posledicama rata i osiromašenju zemlje, bilo mi je sve jasnije da sam u zabludi. – Tako je oduvek bilo i biće – slušala sam da govore. Tu tužnu istinu sam odjednom svuda uviđala. O njoj sam čitala u knjigama, prepoznavala sam je u brojnim, porodičnim ili tuđim pričama, gledala sam je uživo u najbesramnijem i najsirovijem obliku. Tih godina su oni moćniji žurili da se po svaku cenu izdvoje i odigraju predstavu. Ne znam samo od kojih junaka mi je bilo mučnije. Možda od onih koji su svoj iskorak svodili isključivo na isticanje materijalnog stanja. Oni su se dokazivali tako što su nosili originalnu odeću, govorili su da onim što mogu da priušte u stvari pokazuju da drže do sebe i da su uspešni, jer žive kao carevi i to na foru. Uveravali su me da se sve na ovom svetu, pa i samo postojanje, svodi na ekonomiju. Ali nisu bitku gubili ni oni drugi. Ti su dočekali da, konačno javno, pred svakim apostrofiraju svoje poreklo ili status, da kažu ko su tako što će imenovati svoje eminentne pretke ili adrese, i mnogi već time objasne da su predisponirani za elitu i velika dostignuća. Uz njih je, valjda, trebalo još i da posumnjam jesam li, kao ona koja nije iz tog legla, ja uopšte biće koje hoda na dve noge.

Sve je to izazivalo moje burne reakcije. Razočarana u ljude, mučila sam i sebe i druge sa raznim izjavama i pitanjima. Pa mi smo i bez rata u ratu. Gde je realnost u kojoj život prestaje da bude ovakav zverinjak? Gde su oni kojima se ljudi, unapred i zauvek, ne svode na etiketu pobednika ili poraženog?

Odlazila sam toliko daleko da sam u svakom očekivanju takvog društva videla samo namet. Neću da mi niko od vas objašnjava kako stvari stoje i kako treba da živim, neću da prihvatim nijednu ulogu, neću da mi niko suflira čemu treba da težim. Stotine neću izgovarala sam i nepitana. Odbijala sam tada da mi se, ionako sulud i osiromašen prostor življenja i mogućnosti, još više omeđi, usitni i postane jalov. Svi koji su prihvatali ta merila bili su mi krivi, pa sam im prebacivala da su slabi, slepi, da su lažljivci, da su sebične intereždžije.
– Fuj! Gadite mi se, bez razlike, svi!

Što sam se, međutim, više opirala, to je pritisak bivao jači i upadao je dublje u moj privatni prostor. – Ovo je stvarnost, a ne ona koja je u tvojoj glavi. Videćeš kad izađeš iz svojih knjiga. I tu bi se, neizrečena, na sve nadovezala još i ta činjenica da sam žena. Ti pričaš o slobodi i izborima, a da vidimo da li ih uopšte imaš, govorila mi je svaka životna situacija, pa i osoba, podsećajući me da se tu ne može nikud bez podrške širokih pleća. Osećala sam se unapred osuđenom. – Odustani od sebe, nećeš daleko dogurati; ćuti pred „sposobnijima", treba ti zaštita; trpi, jer je nemoć neizbežna i najzad, prihvati da ispunjenje koje tražiš ne postoji.

Uprkos otporu, prolazila sam kroz duge periode sumnje. Kinjila sam tada sebe što gubim tačku oslonca u svojim stavovima i izborima. Možda su u pravu oni koji mi govore da je problem u meni. Zar igde vidim svet o kojem govorim?! Razumela sam se tad iskreno samo s pojedincima, ali su i oni bili skrajnuti i oprhvani problemima.

Od svake pomisli na sutrašnjicu, hvatao me je grč. Kao da me je sve tih godina paralisalo. Šta ću posle studija, pitala sam se. Kuda napred i zbog čega?! Ja ovde ne vidim svoje mesto. Kakav je srećnik moj otac, pričao mi je da je studirao gledajući u budućnost, vukla ga je pomisao da ide u bolje. Za razliku od njega, ja sam postajala malodušna. Izgovarala sam olako: Šta bih dala da sutra ne svane.

Otvorivši vrata samoizolaciji, odsecala sam ljude od sebe. Nisam ni razmišljala o tome da li sam gruba ili, prema nekima, nepravedna. Ophrvana svojim bolom, tražila sam način da ga ublažim. Bežala sam u rad, povlačila sam se sve dublje u ispite. Studije su mi donosile jedino iskustvo progresa. Sve drugo je bilo ponavljanje jednog te istog dana. Proživljavala sam uvek isti osećaj: da sam u klopci.

I ne shvatajući, naučila sam tada da svoje okruženje doživljavam kao neznanca. – Zajebao me je meridijan, u nekoj drugoj tački geografske širine i dužine, ja bih bila idealna – rugala sam se naglas sebi zabavljajući druge. Preostalo mi je da verujem da tamo negde postoji drugačiji svet. Ništa o njemu, iskustveno, nisam znala. Izvan zemlje sam bila samo jednom i to na đačkoj ekskurziji. Niko iz mog bliskog okruženja nikad nije živeo u inostranstvu. Pojedinci koje sam znala da su otišli, uradili su to zahvaljujući svom izbegličkom statusu i uz pomoć međunarodnih organizacija. Kako ja nisam bila u njihovom položaju, nisam znala odakle bih krenula. Mučila su me razna pitanja: kuda, kako ću sama, odakle mi novac, šta da radim tamo? Nisam imala nikog od koga sam mogla da dobijem savet, a kada bih naglas o svemu progovorila, nailazila sam ili na tišinu tuđih strahova ili na buku tuđe osude. U zebnji pred novom neizvesnošću, u trenu bih posumnjala u svaku mogućnost dobrog ishoda.

Uskoro se, kao na filmu, sve preokrenulo. Prestala sam odavno da pratim vesti i nisam bila baš u toku s tim šta se događalo oko mene. Te večeri peglala sam stvari u dnevnoj sobi, dok je tata dremao na kauču. Ostali su nekud otišli. Tišinu u stanu prekinulo je zvono telefona i poznat glas kućnog prijatelja. Nije bio iznenađen što sam mu pričala o položenom ispitu i slavlju na kojem sam nedavno bila, umesto o stvarnosti koja nam je lebdela nad glavom. Sećam se da me je zamolio da mu se brat i sestra, kad dođu, obavezno jave, da zna da su i oni dobro. – O čemu se radi? – pitala sam, jer nije zvučao uobičajeno. – Obećaj mi da se nećeš bojati – tražio je i usput pomenuo bombe, ali ja nisam odreagovala. Nisam mogla da povežem o čemu govori. I onda se začula sirena. U istoj minuti je usledio prasak koji je zatresao zgradu.

Bombardovanje moje zemlje 1999. bio je trenutak kad sam spakovala stvari i zaputila se, bez puno razmišljanja, sa sestrom u inostranstvo. Tata je te zime otišao u zasluženu penziju posle četrdeset godina rada. Po zakonu, na prvu isplatu je trebalo da sačeka šest meseci. Mama i sestra su, iz bezbednosnih razloga, prestale da idu na posao u aprilu. Gađali su mostove i institucije od strateškog značaja. Sve je oko mene potonulo još dublje i život se sveo na sirene, sklonište i vesti novih nestajanja. Sestra i ja smo jedno veče bile na keju i pojavila se njena poznanica koja se, eto, spremala za odlazak. Kao da je neko poslao po mene. U trenutku sam se pogledala sa sestrom i rekla: idemo. Devojka nam je dala ideju i gde i kako. Akcija je krenula preko noći. Pozajmila sam novac i obaveštavala ljude opraštajući se s njima mimo kuće. Našima nismo ništa rekle. Odlagale smo mogući težak scenario znajući da će pokušati da nas spreče. Imali su dobre razloge na svojoj strani: bili smo na broju i s glavama pod krovom. Dok smo nas dve tražile povoljnu priliku, ona je došla mimo nas i odjeknula kao ona prva bomba. Zvala je devojka iz poslovnice „JAT" da obavesti da se vreme polaska autobusa, koji će nas izvesti iz zemlje, promenilo. Moji roditelji su ostali u šoku. Kad smo to veče stigli pred vrata stana, mama je držala nitroglicerin pod jezikom, a tata je smirivao. Razgovor se odužio.

– Ne mogu više. Ne mogu – nisam želela ni da čujem da postoji drugačije rešenje. – Štagod da kažete ili uradite, ja idem – kao da sam već mislima cepala okove beznadežnosti. – Ja moram da odem. Umreću u sebi ako ne odem – ponavljala sam uz suze, otimajući se strahovima.

❧

Krenula sam na put s jednog gradskog trga. Obično bučan i užurban, tog majskog jutra bio je avetno tih i pust. Živosti je bilo jedino na mestu gde je stajao naš autobus. Opraštala sam se sa bližnjima i prijateljima koji su pristizali iz različitih delova grada. Neki i na biciklu, jer je, u tom trenutku, to bio jedini način da stignu. Njihovo prisustvo me je čas hrabrilo čas, preko mere, uznemiravalo.

Sa rečima smo još i umeli.

– Javi se kad pređete granicu, bilo kome, samo da znam da si prešla – rekla mi je drugarica.

Tih dana gađali su najviše istok zemlje, a to je bila naša izlazna ruta.

– Ne brini – govorila sam, ali sam im svima hvatala poglede. Od tog silnog i sveopšteg nemira postala bih, u sekundi, ljuta. Hulila sam u tom grču na sve i svakog nesvesna da time neke od njih dodatno obeshrabrujem i povređujem.

Misli o neizvesnosti donosile su mi utisak da se nalazim u pravom zbegu. Žurila sam u neku ucrtanu tačku preskačući, hitro i bez oklevanja, sve punktove koji su mogli da me odvoje od nje.

– Potrebno je da popunite ovaj formular pre nego što uđete u zemlju. Vodite računa da ne izostavite nijednu stavku koja se od vas traži – rekla nam je službenica kad smo sleteli na aerodrom pokazujući rukom prema stolu.

Letimično sam pogledala dobijeni papir i shvatila da nemamo adresu u zemlji u koju ulazimo. To mesto je bilo označeno crvenom zvezdicom, što znači da je taj podatak neophodno upisati. S one strane aerodroma nas je čekala devojka, koju pre toga nikad u životu nismo videle. Zaboravile smo, u onoj trci, uz sve informacije koje smo prikupile, da je i to pitamo.

– Evo, gotova sam – rekla sam sestri koja me je gledala u neverici. I sama je smišljala kako da rešimo taj problem.

– Zezaš me – uzela je formular i tražila pogledom adresu. Odakle ti? – bila je zatečena.

– Prepisala sam sa papira onog tipa što je stajao pored mene. On je odavde, čula sam ga da govori njihov jezik. Stavila sam drugi kućni broj. Treba samo da pazimo da ne dođemo na carinu kod istog službenika kao i on – srce je tuklo od uzbuđenja, iako nije izgledalo tako. Nisam razmišljala o tome da li kršim zakon, ni kakve su posledice takvog čina. Želela sam samo na drugu stranu i ništa nije moglo da me u tome spreči.

Ušla sam bez ikakvih smernica u nov prostor. Idući, međutim, od situacije do situacije, trasirala sam svoj pravac. Sa njim sam onaj strah, koji sam ponela sa sobom, i bez svog zvanja i volje, gurnula u neki ćošak.

Dobila sam status izbeglice i time mogućnost da legalno boravim u prijateljskoj zemlji. Onu početnu strepnju da ću u svemu biti sa sestrom sama zamenilo je iznenađenje. Devojka koja nas je sačekala već nam je iznajmila stan i nudila bezrezervno svu podršku. Brojni moji sugrađani su bili tu, što je pomoglo da se ne osetim izolovano. I oni su tražili slične odgovore, pa je svaka informacija, koja se vrtela ukrug, bila dobrodošla.

Ubrzo sam počela da tragam za poslovima. Da li zbog tadašnjih prilika ili zbog popustljivijeg odnosa prema mojim zemljacima, sve je išlo lakše nego što sam zamišljala. Niko mi nije tražio biografiju, niti posebnu radnu dozvolu. Radila sam sve što mi se činilo prihvatljivim, a što mi je donosilo novac potreban za život: najpre u kafiću, pa u hotelu, na kraju kao turistički vodič.

Nove situacije i obaveze su me obuzimale u potpunosti. Ponesena njihovim zahtevima, nisam puno razmišljala o sređivanju papira. Izbegavala sam i da govorim o tome. Osim toga, promena okruženja je uticala na to da zaboravim na okolnosti. Svaka sitnica mi je došla kao melem na ranu. U vazduhu se osećala vrelina preuranjenog leta. Blizina toplog mora je samo pojačala osećaj lakoće i bezbrižnosti. Niz ulice su se slivali turisti smenjujući se u minuti. Ta promenljivost prizora me je zanosila. Nasuprot onoj zamrznutoj i mračnoj slici koju sam ponela u sebi, treperila je, sad, preda mnom kao šaren, novogodišnji izlog neke prodavnice. Prijali su mi glasovi drugih jezika, drugačije priče i izrazi lica. Ulazili su nenametljivo u moj svet skrećući mi pažnju na lepe događaje. Reč ili dve i lako bismo se prepoznali u usputnim komentarima, poklonjenim knjigama ili crtežima. Nigde nije bilo mesta za teme umiranja i nemoći. Mislila sam da sam u raju.

Kao da mi je neko tada skinuo tonu tereta s temena, osetila sam jak vetar u leđa. Vratio mi se osmeh na lice. Pronašla sam drage ljude, upoznala one koje su mi pomagali, stabilizovalo se moje zdravlje. Učestvovala sam voljno u svemu i uranjala lako u nova iskustva.

Moja svakodnevica je bila toliko drugačija od svega što sam doživela u prethodnim godinama da mi se, i tada i kasnije, činilo da sam iznenada ušla u tuđi život. Dugo vremena nisam shvatala da mi je bio po meri i zbog toga što sam u njemu pronašla prostor dovoljno širok za moju razboritost i sposobnosti, ali i za moje neznanje i greške.

Nakon nekoliko meseci odsustva, podstaknuta neplaniranim okolnostima, i nevoljno, vratila sam se u zemlju. Osećala sam se kao da su, u međuvremenu, prošle godine. U prvo vreme sam sva treperila živeći napola tamo, a napola tu. Delila sam utiske sa drugima, bila kuma na svadbi, upisala četvrtu godinu studija. A opet, trčala sam u gradske internet klubove da se javim novim prijateljima, tražila načine da okrenem međunarodne telefonske brojeve.

    Ubrzo se sve stišalo. Ja sam valjda tek tad shvatila da sam sad tu. Na koju god stranu da sam se uputila, sudarala sam se sa svime. Opet sam zavisila od roditelja, bila sam okružena različitim pričama snalaženja ili čekanja da se nešto promeni, pa da počnemo normalno da živimo. Ta atmosfera me je vraćala u onu ljušturu u kojoj sam se gušila. Sve o čemu sam uskoro mislila bio je novi odlazak. Teret mi je, međutim, bilo saznanje šta, uistinu, on sve podrazumeva i donosi. Pokušala sam da svoje nedoumice podelim s drugima, ali mi se činilo kao da govorim o nekom novom Mlečnom putu. Ne znajući da očekujem više nego što mogu da mi pokažu, osećala sam se sve usamljenijom.

    Povratak u svet knjiga isticao je moju unutrašnju promenu. I dalje sam ih s interesovanjem čitala, ali u njima nisam više ni videla ni tražila zaklon. Naprotiv, željna onih dojučerašnjih, samostalnih koraka, doživljavala sam ih sad kao prinudu koja me drži u mestu. Započela sam tad sa sobom jednu tešku, nepravednu i nepotrebnu igru. Pripremala sam svoje ispite predano i odgovorno, a opet, čim bih digla glavu, čupala sam iz sebe svaku vezanost za njih. Bavljenje knjigama povezivala sam sa ostankom u istom okruženju, u onom u kojem nisam želela da budem. Govorila sam tad da hoću samo diplomu, jer mi je ona bila jedina karta da legalno nekud odem.

    Svet se oko mene menjao. Usledile su političke promene i talas optimizma zaljuljao je ljude. Nikad neću zaboraviti epizodu iz lokalnog frizerskog salona. Nisam mogla da zakažem izvlačenje pramenova, iako sam uporno zvala satima. Niko se nije javljao na telefon. Kad sam, šetajući psa, otišla da to lično uradim, zatekla sam tamo atmosferu koja je ličila na pripreme za izlazak u izvikani noćni klub.

    – Izvini, ne javljam se na telefon već danima. Ne mogu da stignem. Pogledaj – pokazivala je na salon pun devojaka – tako je od jutra. Imam utisak da su ljudi držali novac u slamarici i čekali da svetkovina krene. Sad svi žure da se urede – rekla mi je moja frizerka kradući trenutak da mi se obrati.

    – Nekako se, odjednom, sad lakše diše, zar ne? – govorila je, napola histeričnim tonom, jedna mušterija drugoj.

    Napravila sam krug-dva po parkingu i uputila se nazad prema zgradi. U prolazu sam zatekla drugaricu. Nosila je iste vesti:

    – Dajem im dve godine da urede ovaj haos. Videćeš, biće kao nekad – klimala sam glavom potpuno odsutna.

Šta je to sa mnom, zapitala sam se u trenutku dok sam sedala nazad za radni sto. Mene ta euforija nije ni okrznula. Osećala sam se isto.

Ponovo sam pomislila na novi odlazak iz zemlje koju godinu kasnije, kada sam je napuštala kao turista. Iskustvo se ponovilo. Kao da sam na granici skinula sa sebe staru kožu, u novom okruženju nastupala je neka druga ja. Već na aerodromu sam pronašla dobrog sagovornika i sa njim se ispričala kao sa starim znancem. Lišena rešavanja egzistencijalnih problema, izbegla sam direktan sudar sa novom sredinom. Dobila sam, na dlanu, mogućnost da je slobodno istražujem, pa sam koristila svaku priliku da to učinim. Zanimalo me je kako ljudi tu žive i kako razmišljaju. Komunicirala sam sa nekim komšijama, osobljem i članovima lokalne biblioteke, radila povremeno sa decom u jednoj crkvi.

Nešto je, ipak, bilo mnogo drugačije. Ljudi među koje sam ovoga puta došla poticali su iz raznih krajeva moje bivše zemlje. Iako je većina bila mlađa od mene, nosili su teška, lična ili porodična, životna iskustva. Do tada sam očito verovala da je odlazak iz zemlje bio siguran spas od ludila ratne i posleratne stvarnosti da bih tek sad jasno uvidela da, i na udaljenosti od nekoliko hiljada kilometara, on, opet, ne donosi oslobađanje od te strahote i zebnje koju je ostavila za sobom.

Šta sve čovek ponese u svom koferu kada nekud krene, ne zna ni on sam. To tek počne da otkriva pošto stigne kud je naumio. Glava kao da ostane tamo odakle je pošao i kroz to iskustvo zapaža i tumači nove situacije.

– Tebi se izgleda ne dâ da se skrasiš?! Sad si mi nabrojala barem pet različitih poslova koje si radila u poslednje dve godine – pitala sam jednu devojku.

– Tako se ovde živi. Moraš svašta da radiš. Nije to kao kod nas. Uostalom, nikad se ne zna šta možeš da otkriješ – rekla je staloženo objašnjavajući mi da se tako stiče važno iskustvo.

– Znam, to mi se sviđa i za svaku je pohvalu – nisam to govorila napamet. Na prethodnom putovanju sam iskusila koliko se i šta sve nauči kada se zađe u poslovni prostor za koji mislimo da nam je stran – nego, zar nemaš želju da otkriješ u čemu si dobra, usmeriš se i daš sve od sebe? Zar nije najlepše kad radiš ono što te zanima? – pomenula sam joj ono na šta ljudi često okreću očima i podvlače ti da si naivan.

Ja sam, međutim, uvek znala one koji su radili ono što vole i gledala sam s kakvim žarom iščekuju svaki poduhvat. Nije to svet bez briga, ali u njemu ima više motivacije da se ne posustane i uverenja da najbolje tek dolazi.

– I šta ću onda? – pogledala me je obraćajući mi se oštrijim tonom. Kao da sam, bez najave, prišla zabranjenoj teritoriji. – Možda da se kao moja majka posvetim jednoj profesiji, pa pristanem posle na sva poniženja samo da ne završim na ulici?! Ne ja! Ja neću da se zatvorim i time, danas-sutra, dovedem u bezizlaznu situaciju.

Razgovor smo tu završile, ali sam te reči još dugo nosila sa sobom. Doticale su u meni onaj najranjiviji prostor o kojem sam retko govorila. Razumela sam da je ovo bio način na koji je pokušavala da se unapred, od ko zna sve čega, zaštiti. Ja nisam izgubila ni delić onog što je ona, ali sam poznavala osećaj bezizlaza. Tako sam doživljavala skučenost prostora u kojem sam živela, barijere u ljudima, surovost koja je vladala, besparicu u koju smo utonuli, sistem vrednosti u kojem sam stasala.

Po povratku u zemlju, u kratkom periodu mnogo toga se, mimo očekivanja ili planova, promenilo. Započela sam korak udvoje, završila studije, i u potrazi za novim smerom, ušla u samostalan posao. Tad sam izbliza videla koliko sam distancirana od svoje sredine. Poslovni svet mi je to naglašavao jasnije nego ijedan. Nisam se u njemu snalazila. Nailazila sam sad na slične sebi među onima koji su u toj sredini učestvovali već neku deceniju. Moju generaciju je još i tresla groznica stvaranja i dokazivanja, ali oni stariji su se, razočarani, samo dovijali pred istim zidovima.

Iako na izmaku dvadesetih, bila sam na početku. Trebalo je da donesem odluku o budućnosti. Preispitivala sam se naglas sa suprugom.

– Prezasićena sam nereda. Ne umem da ne čujem ono što čujem, da ne vidim ono što vidim. Pritiska me svaka situacija i, još više, misao koja je prati. Evo, probala sam da se priključim, da ne bude da nisam. Ne ide mi. Najgore od svega mi je što nijedan novi cilj, čak ni pomisao na njegovo dosezanje, ne može da me zapali niti zanese. Ovo nisam ja – govorila sam sad bez ikakve drame. – Već dva puta sam se vraćala, završila sam šta sam htela.

Nisam imala iluzija o tome kakav je život u inostranstvu, bila sam svesna izbora koji pravim. Imala sam saputnika istomišljenika, pa mi se sva neizvesnost činila lakšom. Pretraživali smo opcije i u tom pohodu slučajno naišli na ljude koji su nas, svojim primerom, pogurali u novom pravcu.

Umesto da odmah odemo tamo daleko, desilo se drugačije. I naravno, kako to biva, ono što je, pre svega meni, bilo potrebno. Živela sam godinama u novoj sredini, s ritmom koji je mnoge koje ću tamo upoznati ostavljao u neverici. Ti si nama enigma, umeli su da mi ponavljaju. Mnogi od njih nisu ni pretpostavljali da mi, svojim prisustvom, pomažu da rešim svoju, najveću. U tim ljudima prepoznala sam, posle, činilo mi se, čitavog jednog veka, sebe.

Počelo je tako što sam kod njih primetila da se isto ponašaju. Imali su različite afinitete i profesije. Poticali su iz drugačijih porodica, miljea i najzad sredina. A opet, kao da su svi odreda ponavljali jedan obrazac življenja. Ispod površine njihovih priča, stajao je uvek isti zaplet – nepoverenje.

To nas je i zbližilo. Ne shvatajući, birala sam sebi slične. Ponašali smo se kao da smo jednom prošli kroz surove eksperimentalne uslove, i sad, isprogramirani, idemo, kao po nalogu, uvek istom maršrutom. Jedan korak napred, dva nazad. Oči i na potiljku, za svaki slučaj, jer se mrak, pre ili kasnije, odnekud pojavi. Nikad dovoljno vere da se opustimo.

Kod nekih od njih nepoverenje se spustilo veoma duboko. Bili su klinci u vreme rata, onda kada su nasilje i beznađe gospodarili životima. Bojeći se za goli opstanak gledali su najdraže kako gube tlo pod nogama. Taj siloviti udar utisnuo je u njih misao da su novi udarci, izdaje i iskliznuća jedina izvesnost života.

Nemirne glave i puni unutrašnje napetosti iza svakog predaha naslućivali su novi ponor. Znam te ja, kao da su govorili životu, držeći grozničavo svoju distancu. Ne smem da okrenem glavu, niti da se prepustim. Tako samo mogu da doživim da me bujica odnese ili da budem jedan iz mora onih koji su, obezvređeni u trenu, ostali obesmišljeni zauvek.

Ma koliko da su se stvari, u međuvremenu, menjale, obrasci življenja i razmišljanja ostajali su prepoznatljivi. Zato sumnja nikad nije odustajala i javljala se u svakoj prilici. Godine su mojim drugarima donosile privid da učestvuju u životu. Nisu to činili ni upola koliko su znali i umeli. Na neki možda samo meni razumljiv način ličili su mi na one bivše drugare iz razreda ili zgrade. Sudelovali su u svakoj *igri* tek toliko koliko su morali, sve vreme muku mučeći sa svojim strahom od lopte.

Lice one stvarnosti imalo je razne načine da svojim oštricama prekroji i mnoge druge. Neki su se toliko svikli na povlačenje i nemogućnosti da nisu umeli više ni da prepoznaju trenutak u kojem su dobili slobodu da biraju.

– Da li radiš nešto ozbiljno? Hajde da se prošetamo, posle će biti kasno – dobacila sam suprugu koji je sedeo za kompjuterom.

– Pravim plan puta jednom momku s posla. Hteo bi da ide da vidi London – rekao je ne dižući pogled s ekrana.

– Mogao bi i mene da povede – sedala sam za sto zainteresovana za temu. – I, da li mu treba viza? – pitanje je koje sam, kao prvo, dugo postavljala doživljavajući ga kao nesavladivu prepreku.

– Ma ne, samo godišnji i keš – dodao je slažući papire.

– On radi i ima platu, zar ne? Živi kod svojih? – odmah sam u glavi štiklirala podatke kao da su pitanja iz neke poznate ankete.

– Sa mamom, ali nije tolika frka. Može da priušti. Nikad nije bio izvan zemlje i ima silnu želju da popije pivo baš u britanskom pabu. Ta znamenitost meni i ne bi bila jak motiv da odem u London, ali je razumem.

I tu mi je listajući papire pričao kako mu je taj mladić prišao na pauzi za ručak i pitao ga kako to mi, svako malo, idemo tamo-amo. Odakle nam novac kad su karte skupe, pa hoteli, hrana, rentiranje automobila. Moj suprug ga je razuveravao da to nije nepriuštivo, jer postoje ekonomski jeftini letovi, hosteli, da može da plati javni prevoz i jede usput.

— Shvati! To je obrazac razmišljanja koji su nam, uz ono ludilo, podvalili, pa smo ga usvojili kao modus Vivendi — prepoznala sam u tom mladiću neku bivšu sebe.

U tom gradu su me naučili kako se taj obrazac zove: FTJP. Štagod hoćeš da napraviš skrenu ti pogled na tu stavku. Fali Ti Jedan Papir — poručuju najpre sa svih šaltera. Ne treba ti puno vremena, a ni mozga, da shvatiš da je isti obrazac potreban i da bi se zakucalo na sve bitne kapije života. Ništa bez tih posebnih moći — treba da si sve naučio i postigao još juče, da imaš ono što nemaš, da znaš onog koga ne znaš, da budeš ono što nisi. Usloviš se za čaš i onda, kao po diktatu, i pre nego li išta pokušaš, sam sebi postaviš zasede i tako oduzmeš svu snagu. Te nemam ovo, te ne znam onog, te, ako nije onako, nije nikako. Taj samoubilački stav lako te dovede do ubeđenja da je život privilegija koja samo slučajem može da ti se desi.

Koliko sam ja vremena protraćila usmerena na FTJP obrazac?! Koliko sam puta njime sama sebi presudila?! Najgore od svega mi je to što sam kasno shvatila da sam, povlačeći se pred tim neispunjivim zahtevima, samo dohranjivala svoj osećaj nemoći i nezadovoljstva. S tom zbrkom u glavi gubila sam kompas, a svaki cilj, i kada bih ga dosegnula, činio mi se bezvrednim.

Kad smo se vratili s odmora, suprug nije zatekao na poslu onog momka. Bio je na godišnjem. Uskoro smo za trpezarijskim stolom, uz dobar zalogaj, podelili i priču o njegovom susretu sa Londonom. Da događaj bude još bolji, vratio se s puta sa devojkom. Tamo su se upoznali iako su iz istog grada.

– Još jedan je istrčao iz svog obruča – razvuklo mi se lice u osmeh. Kladim se da tom momku ne bi ni palo na pamet da je na zapadnoj strani tog grada, kao na zapadnoj tribini nekog stadiona, jedna nepoznata žena ispratila njegov sjajan potez navijajući na sav glas.

Bilo je i drugara koji su me podsetili na nešto što smo, često nesvesno, gurali pod tepih. Pričali su mi kako su se kao klinci dodvoravali starijima ne bi li ih uvukli u neki klub. I kako je ta priča odjednom nestala. Ili su, pak, nestali oni iz nje. Stvarnost je postala neki tuđi svet od kojeg su se stalno sklanjali. Nisu ni primetili koliko su daleko, u tom uzmicanju, otišli.

– Danas sam bila na koncertu klasične muzike. Prijateljica je pevala kao anđeo. Kakav raj! – pričala sam im oduševljeno. – Ma ne znam odakle bih počela. Dvorana je čarobna, podsetila me je na ispit iz književnosti romantizma. Nalazi se u ulici u starom jezgru grada. Ne znam kako mi je promakla?! Uostalom, zašto mi niko od vas nije rekao da odem tamo?! – i tu sam naglo prekinula svoj monolog.

Oni su sedeli preko puta mene, gledali se i ćutali kao zaliveni.

– Ne znam o kojoj dvorani je reč – rekao mi je, najzad, drugar slegnuvši ramenima. – Možda smo je nekad obišli sa školom – obratila mu se supruga pokušavajući da je se seti.

Vrteli su glavama. Nastupila je, na tren, tišina, a meni se činilo da predugo traje. S radošću sam dočekala trenutak u kojem smo prešli na drugu temu.

– Kud sam se uhvatila baš te dvorane?! – govorila sam suprugu u kolima dok smo se vozili prema stanu. – U pravu je moja sestra, ja i moje stupidne priče, nikako da ih se manem – bila sam pomalo i ljuta na sebe. – Kao da nemam šta da pričam s ljudima nego ih zamaram stvarima koje njih ne zanimaju.

Prošlo je nedelju dana, možda i dve, otkad smo se videli. Naravno da nisam zaboravila taj razgovor, ali sam se nadala da moji prijatelji jesu.

Bila sam više nego iznenađena onim što ću, prilikom našeg novog susreta, od njih čuti.

– Moram nešto da ti kažem – obratio mi se prijatelj tokom večeri. – Znaš, posle one tvoje priče o dvorani, mi smo do kasno ostali i pričali. Ujutru smo otkazali dogovore, pokupili klinku i otišli do centra.

Ne znam ni šta smo očekivali. Šetali smo ceo dan. Pokazali smo joj park, trg, spomenike, fontanu, neke ulice. Uživali smo. Nisam ni znao koliko mi to fali. Niti da mi treba. Neki dobar osećaj – prošli su me žmarci po telu dok je govorio.

– Hvala ti. Ne znam kako ti je to pošlo za rukom, ali si uspela da me, za tren, povežeš sa mojim gradom. Čudno nešto, ti nisi odavde. Ne umem to ni sebi da objasnim – slušala sam ga klimajući glavom.

– Kako mi je drago da ovo čujem! Osećam se kao da si mi upravo dao kompliment?! Nisi mogao bolji ni da izmisliš – rekla sam mu kroz smeh.

Kako mi je teško da ovo čujem, pomislila sam. Od tog virusa diskonekcije bolujem i ja. Zaćutala sam, jer su mi kroz glavu prolazile slike. Daljina uvek učini svoje. Setim se najpre onih lepih i kažem sebi da sam nakraj srca. Onda, putujući u mislima, dođem do onih nemilih i otreznim se u sekundi. Prepreče mi put kao da su zidovi i izazovu bol u meni. Podsete me na to da se onda nešto, unutra, odlomilo. Ko zna, možda kod mene taj virus mutira, pa ne mogu da zacelim?!

Moj novi odlazak nije bio, za mnoge, iznenađenje. Ovoga puta sam išla preko okeana znajući da tamo i ostajem.

– Odakle ti snage? – pitala me je koleginica. – Pakuješ se i odlaziš kao da je to ništa, a znam da znaš koliko taj potez traži od čoveka – saosećala je sa mnom ne gledajući u tome hir.

— Drži me jedno — rekla sam joj na rastanku. — Uvek kad sam odlazila, potvrđivala sam sebi da mogu da se regenerišem. Snaga mi je odnekud nadolazila.

Danas mi je kao dan jasno ono što sam onda, u nekoliko navrata, iskušavala. Izlazeći iz zemlje ja sam napuštala poznatu atmosferu. Slabila je tad i moja, unutrašnja tenzija. Bila sam odjednom motivisana da istražim sve mogućnosti, a one su se, takoreći, niotkuda stvarale. Prostor koji sam sa njima otkrivala bio je uvek širi i raznovrsniji od onog koji sam ostavila za sobom. Pronalazila sam lakše u njemu svoj pravac i držala ga se dajući najbolje od sebe.

Nailazila sam na razne probleme, mnoge koje zovem svojim, najvećim egzistencijalnim iskušenjima, ali me nisu obeshrabrivali. Nisam sebe mučila mišlju da nisam sposobna da pronađem rešenje i da je svaki moj napor, ionako, uzaludan. Ostajući u igri, izbacivala sam najtežeg protivnika. Nisam sebi stajala na putu.

Slušala sam, tokom odrastanja, u svojoj kući jednu priču o odlasku i stvaranju života ispočetka, u novoj sredini.

– I danas se sećam trenutka kad sam stajao na početku Knez Mihailove. Gledao sam u gomile ljudi, one visoke zgrade, osluškivao zvukove grada i sklanjao pogled od tolikih svetala. Znaš li ti šta je takav prizor značio za dete iz malog mesta?! – započinjao je moj otac svoju priču o prvom dolasku u Beograd.

Došao je vozom, sa bratom i poznanikom ne bi li se raspitali o mogućnosti da nastave školovanje i život u prestonici. Mnogo značajniji od svih potrebnih podataka bio je utisak koji je poneo sa sobom. Držao ga je u uverenju da će se kad-tad tamo vratiti.

– U svojoj sam zemlji, ali mi se činilo da sam u drugom svetu. Iako mi se ceo prostor, od zbunjenosti i uzbuđenja, vrteo ukrug – pokazivao je rukama – odjednom sam naslutio pravac pred sobom.

Nije mogao da zna kuda će ga put odvesti, ali nije moglo ništa ni da ga, s istog, odvrati. Usudivši se da mu pođe u susret, danas to znam, otkrivao je i nepoznat svet i nepoznatog sebe.

Ulazak u „drugi svet" meni liči na svako novo i veliko životno razdoblje. Glava je uznemirena i puna pitanja bez odgovora. Ogromna energija se rasipa i na savladavanje malih koraka, a čovek, posebno ako na to nije pripremljen, reaguje nestrpljenjem i otežava sebi svaku situaciju.

Kako ja nikad nisam unapred imala poslovnu ponudu, bilo mi je najvažnije da na tom polju osetim tlo pod nogama. Tražila sam ma kakav posao i tako ulazila u priče koje su prevazilazile domete moje, pa i bilo čije, maštovitosti.

Suprug je, preko poznanika, zakazao usmeni intervju za posao u kompaniji koja se bavi analiziranjem dalekovoda. Otišla sam s njim da mu pravim društvo. Dok sam ga čekala u predvorju zgrade, igrala sam se sa psom, kako ću kasnije saznati, jednog od menadžera firme. Prelepa ženkica mi je skoro sela u krilo, bez namere da odustane od maženja, kada su se vrata kancelarije otvorila. Videla sam mladića koji uz osmeh izlazi sa mojim suprugom obraćajući mi se u letu:

– A vi ste?

– Ja čekam njega – pokazala sam rukom prema suprugu koji je u isto vreme zaustio. – To mi je supruga.
– Drago mi je – klimnuo je glavom i bez pauze dodao. – A da li i vi tražite posao?

Mislila sam da je neka šala u pitanju, pa sam se samo nasmejala. Možda su pričali o tome da smo pre tri nedelje sleteli u Kanadu i da nam čitav život još visi u vazduhu.

– Ne šalim se – nadovezao se na moj smeh i nastavio razgovor u prijatnom tonu.

I dalje sam bila nema. Čekaj malo, pa ne zna ni koju školu imam, ne zna ni šta sam radila u životu, otkud sad to? Iako se katkad osetim kao junakinja iz uzbudljivog, a još nepročitanog romana, novo poglavlje me je zateklo.

– Da li znate da radite na kompjuteru? – bio je uporan. – Imamo velike zaostatke i radi smo da zaposlimo svakog ko je voljan da odmah krene na obuku – pričao je pokazujući mi rukom prema prostoriji u kojoj su radili ljudi u malim kjubiklima. – Pođite sa mnom da vam pokažem o čemu je reč.

Pogledala sam se sa suprugom i uputila mu dobro poznate signale. Ali sam i pružila korak. Mladić pored kojeg smo zastali sedeo je za stolom sa dva monitora. Pregledao je žice na strukturama dalekovoda i pokretom miša rotirao je njihovu trodimenzionalnu sliku. Gledala sam u čudu. Moje znanje o radu na kompjuteru se do tada svodilo na pisanje mejlova, pretraživanje interneta, pravljenje kontrolnih zadataka ili nastavnih planova i programa za školu. Taj posao je izgledao kao preteško iskušenje za moje skromno tehničko znanje.

– I, vidite da nije bauk – zvučao je sad kao menadžer prodaje koji ume da uveri i nezainteresovanog kupca da kupi proizvod – sve se to nauči za koju nedelju obuke. Vi biste je prošli kao bilo kô ko je ušao u ovu firmu, znali vi išta o tome ili ne. Ako hoćete da se potrudite, imate šansu – iako sam proživljavala nešto nalik panici, klimala sam glavom verujući da samo ludak ne bi pristao da unovči takav loz.

– Nemoj da brineš. Kompjuteri su vrlo jednostavne igračke – dobacio mi je suprug čim smo izašli na ulicu. Potvrđeno nam je, u međuvremenu, da za nedelju-dve dana oboje krećemo na nov posao. – Ionako ćeš se, kako to uvek biva, uskoro zapitati kako si to dosad živela. Ipak si ti biće 21. veka – zasmejavao me je aludirajući na istupe mog oca.

– Ne bi verovao, ali o tome uopšte ne razmišljam – dobacila sam mu u hodu dok smo pešačili prema kući poznanice kod koje smo prespavali. Adrenalin je protutnjao mojim telom. Bilo mi je sad važno samo to da imamo posao i da nam egzistencija više nije ugrožena.

Odrasla sam u sredini u kojoj su ljudi čitav život radili jedan posao, najčešće na jednom mestu, ali sam negde usput prestala da sebe mučim mišlju da u svojim skretanjima poslovno lutam i neodgovorno trošim vreme i energiju. Promenila sam stav, jer sam shvatila da mi je svako preusmeravanje donelo brojna saznanja i priliku da, kako ja to volim da kažem, zaoblim neki ćošak u sebi. Ovladala sam veštinama za koje sam mislila da mi nisu urođene i tako sebi olakšala život. Dobila sam mogućnost da ispoljim svoju praktičnu stranu na sto načina učeći iz grešaka, iz pokušaja, iz svake situacije. Najvrednije, a što mi je kasnije potvrdio i taj posao, radila sam s ljudima koje ne bih inače ni srela. Zašla sam u neke druge profesije i upoznala one koji imaju različita interesovanja i životne navike. Proširila sam tako okvire svog sveta naučivši da gledam preko ili mimo njih.

Postoji jedna važna prednost koju imaju svi oni koji ulaze u sredinu ne poznajući njene okvire. Čovek se prema svemu otvorenije postavlja ili, još bolje, ni prema čemu se unapred i kruto ne određuje. Kao da se tako otkriju ili prizovu mogućnosti.

Jednom sam zanemarila sve očigledne pretpostavke da u sredini u koju sam došla ne postoji potreba za profesorima srpskog jezika. Sve i da je nema, šta me košta da se raspitam i proverim, pomislila sam. U sledećem trenutku, na internetu, pojavilo se ime škole koja je imala mesto za moju struku. Niko o njoj nije ništa znao. Bez razmišljanja sam okrenula telefon i ne dobivši nikoga, već sutradan lično otišla na naznačenu adresu.

– Konkurs je raspisan – rekao mi je direktor

škole, podstičući me da se prijavim. – Posle sednice Školskog odbora, javićemo vam se sa rezultatima – dodao je kada sam, nakon nekoliko dana, priložila sva potrebna dokumenta.

    Radila sam u školi nekoliko godina učeći svoj zanat, ali i dobijajući preko njega mogućnost da zakucam na mnoga vrata. Usudila sam se tada da se oprobam u poslovima koji su mi bili posve nepoznati. Predavala sam devojci iz druge zemlje svoj maternji jezik pripremajući je tako za preseljenje i rad u mojoj zemlji. Radila sam i za lokalnu školu stranih jezika gde sam ispitivala buduće sudske tumače. Drugom prilikom sam prevodila brošure hotela. Svi ti poslovi su mi bili podsticajni, jer su mi otkrivali sve veće prostore sopstvenog delovanja.

    Život u novoj sredini, međutim, ne određuje samo obezbeđivanje egzistencije. Nakon tog, nužnog koraka, ili uporedo s njim, započinje njegovo osmišljavanje. To je prostor u kojem se i naizgled slični životi odvajaju i bespovratno udaljavaju.

    Nikad nisam živela u kulturi koja je drastično drugačija od one iz koje sam dolazila, tako da me je zaobišao onaj sudar koji bi mogla, i bez reči i bez postupaka, izazvati samo moja pojava. Put me je uvek navodio na veće gradske ili, pak, turističke lokacije u kojima su se kretali ljudi sa raznih strana. Kao da sam u svom prirodnom staništu, pridružila bih im se i neprimećeno pronašla svoju rutu.

Druge sredine su lagano širile okvire mog sveta i nepovratno menjale način na koji sam do tada gledala na sve oko sebe. Da je to prekrajanje pravilo koje se može primeniti na razne situacije i pojedince bilo koje rase, nacije ili kulture najslikovitije je, prema mom mišljenju, objasnio jedan Japanac. Ljudi su želeli da znaju koje krajeve i znamenitosti bi trebalo da posete kako bi najbolje upoznali svoju zemlju, a on im je, neočekivano, odgovorio: Ako stvarno hoćete da je upoznate, napustite je. Pred novim i drugačijim lako su se razotkrili obrasci življenja i razmišljanja koje sam usvojila u svojoj sredini. Iskustveno zalaženje u nove modele nije mi donosilo samo upoznavanje nepoznatih, koliko je spontano pokrenulo promišljanje i redefinisanje svega poznatog. Štošta je dobilo novo mesto i vrednost. Prisetila sam se u tom procesu očevih reči i istinski razumela ono o čemu mi je nekad govorio. I meni se od tog novootkrivenog prostora, doslovno, vrtelo u glavi.

Slučaj je hteo da se najpre upoznam sa sredinama koje su, po mnogo čemu, slične onoj iz koje sam potekla. Poznati su mi bili međuljudski odnosi, društveni problemi i navike. Lakše sam zato i uspostavljala poznanstva. Povezale su nas priče iz detinjstva, slično vaspitanje, odnos prema porodici, slična interesovanja, iste životne vrednosti. Začas bih stvorila samo svoj mikrokosmos koji mi je bio dovoljan da se osetim kao da sam kod kuće.

S druge strane, na onom širem planu, bila sam neposrednije izložena razlikama. One su me trgle i motivisale da učim. Prihvatala sam drugačiji način komunikacije, različit pristup problemima, poslovni kodeks, odnos prema novcu. U njima sam pronalazila nove smernice koje su me vodile ka sve svesnijem i odlučnijem angažovanju. Posle nekog vremena, imala sam utisak kao da mi je glava, dotad, bila među gustim oblacima, a da sad, razmaknuvši ih, jasnije vidim gde stojim i kuda mogu dalje.

Kao pridošlica, bila sam izložena širem krugu ljudi više nego ikada ranije; s jedne strane, ovih iz nove sredine, sa druge, onih iz moje zemlje. Kako je to nejasna, a opet zahvalna pozicija! Nisam do tada imala priliku da otvoreno komuniciram s ljudima iz toliko različitih generacija, klasa i profesija. Dobila sam tako mogućnost da neposredno prikupim delove koji su mi nedostajali da bolje razumem širu sliku sveta i života.

Iz te nove perspektive, svoju priču sam, najpre, realnije uokvirila. Postala sam zahvalnija za mnoga imanja u svom životu: bezbrižno detinjstvo, školovanje, dobronamerne saputnike, sve ono što sam nekad previđala ili uzimala zdravo za gotovo. Slušajući priče nekih vršnjaka iz drugih zemalja, shvatila sam jasnije kako i koliko su me blizina rata i izolacija, i moje zemlje i sopstvena, iskustveno i emotivno obeležili. Umela sam da postavljam mnogima suvišna pitanja o vrednosti i smislu dosezanja nekih stanica života. A onda bih im, pak, detinje pozavidela na slobodi kretanja i procesu u kojem su bez žurbe, bez zloslutnih misli, spotičući se i dižući se, otkrivali svet i sebe. Nailazila sam na ljude koji su bili otvoreniji da dele svoje priče sa mnom, i one radosnije i one bolnije. Domaći bi, u našim susretima, za trenutak odahnuli od nametnutih okvira i očekivanja svoje sredine. Pritisnuti njima često nisu umeli da vide koliko, uistinu, stižu i postižu. Pronalazili su u meni saosećajnijeg sagovornika, onog koji ih ne procenjuje i ne sudi im, nego može i nastoji da ih razume. Oni, pak, pridošli brinuli su iste brige, a to učini da se ljudi brže prepoznaju. U tom neposrednom dodiru i deljenju vremena i pažnje zatitrao je, oko mene, neki jači puls života. Čini mi se da je baš ta pozicija pridošlice dala priliku, i meni i njima, da priđemo jedni drugima bez uobičajenih zadrški i pokažemo lakše ono naše lepše lice.

U susretu sa severnoameričkim kontinentom, imala sam drugačije iskustvo. Sudar je bio očigledan. Novine su me zaticale i tamo gde ih nisam očekivala. U jednom danu bih saznala da mi je potrebna usmena, ili još bolje pismena, preporuka da bih iznajmila stan, kao i potvrda da sam zaposlena; da u tom stanu, kad uđem, neću imati ni krevet ni stolicu; da račun za struju prijavljujem na svoje ime; da mi za mobilni telefon treba lična karta i lokalna adresa stanovanja.

Sa svakodnevnih pitanja, novine su se, poput koncentričnih krugova širile na druge sfere. Na udaru je, najpre, bila poslovna. Diploma, koja mi je bila potrebna za iseljenje, nije mi puno značila. Morala sam da okrenem novu stranicu i pronađem bilo kakav kurs. Našavši ga, rešila sam samo delić mozaika. Trebalo je sad prionuti na rad i učiti o stvarima o kojima nisam imala nikakvo predznanje. Šta je to *root folder*? Kako se prave *function keys*? Kako se koristi *Microstation*? A *google earth*? Poslovna sfera prelivala se na socijalnu. Pored mene su radili ljudi iz Rusije, sa Novog Zelanda, iz Izraela, Nemačke, Indije, Britanije, zatim domaće stanovništvo najrazličitijeg etničkog i kulturnog porekla koje sam imala prilike da upoznam. Trebalo je graditi mostove, a ja sam znala da su za taj poduhvat potrebni temelji sa obe obale.

Kad nisam bila na poslu, jurila sam sa suprugom po radnjama da kupimo potrebno pokućstvo, da se upoznamo sa ponudom na ovdašnjim pijacama i u prodavnicama. Ili bih učila za vozački ispit koji sam morala da položim u prva tri meseca. Dok sam se ja bavila novim pravilima, čudeći se kako smem da skrenem udesno na crveno svetlo, suprug me je izvestio da je kupio polovni automobil. – Ima samo jedna sitnica – rekao je mirnim tonom dok sam ja rukama pokrivala uši. – Vozićemo automatik. Vrtlog bezbrojnih novina uspevala sam da prekinem bežeći pod tuš ili odlazeći u duge šetnje po gradu. Ličile su, doduše, više na lutanja, ali su me, i takve, umirivale.

Narednih meseci, u kontaktu sa ljudima, zalazila sam sve dublje u razlike u našim načinima života i razmišljanjima. Puno toga nisam mogla da razumem, pa sam uz opservaciju, i svesno i nesvesno, mnogo čemu sudila:

– Da li je moguće da jedva čekate da pobegnete iz gradskog jezgra? Pažnja vam je usmerena na predgrađa, gde se potpuno drugačije živi.

– Tvoja kafa mi liči na smesu za kolače. Nema šta u nju nisi stavila!? Još mi kažeš da ćeš da je piješ usput, hodajući ulicom.

– Radim s kolegom koji sedi dva stola od mene, u istoj smo prostoriji, i mada inače komuniciramo, svu poslovnu korespondenciju vodimo dopisujući se preko mesindžera ili skajpa. Sećam se da sam se, zbog tog bezličnog pristupa, skoro uvredila.

– Zagrljaje sam uvek doživljavala kao intiman čin, pa sam bila zatečena kad sam shvatila da se ljudi grle ispoljavajući tako radost i sa nepoznatima. Po svom običaju, pružala sam radije ruku, klimala glavom i delila osmehe, nevoljna da se privijem uz nekog koga nisam zvala bližnjim.

– Znam da je u pitanju dobro iskorišćeno vreme i da ćemo u brojnim aktivnostima isprobati svašta, ali meni to više liči na pripreme za Olimpijadu nego na godišnji odmor. Zar nije poenta odmora da izađeš iz svih rasporeda i uživaš slobodno u svemu što ti dolazi pred put?!

Nailazila sam usput na mnoge emigrante koji su prolazili kroz sličan proces. Nikada mi državljani drugih evropskih zemalja nisu bili tako bliski kao u tih prvih godinu dana. Ma odakle čovek poticao, ma iz kakvog socijalnog ili profesionalnog miljea dolazio, čini se da u suočavanju sa drugačijim najpre mora da prođe period uzmicanja i prosuđivanja. Baš svakom, osim detetu, potrebno je vreme da se na drugačije prilike navikne.

A opet, nisam sasvim sigurna da to ima veze sa vremenom nego sa čovekom. Koliko smo uslovljeni okvirima društava i kultura iz kojih potičemo, može da se vidi, i nakon godina i godina života na novom tlu, u svakoj novoj situaciji. Držeći se kruto usvojenih obrazaca, mi se sa različitim uvek sudaramo.

Ne znam tačno kad je došao trenutak u kojem sam pažnju skrenula sa tih spoljašnjih okolnosti na one unutrašnje, ljudske. Uviđala sam, malo-pomalo, puno toga zajedničkog sa ljudima oko sebe i to me je umirivalo. Radila sam u kompaniji, u smeni sa onima koji su svi, manje-više, bili pred istim početničkim, poslovnim izazovima. Ovo je bio, za većinu, takođe nepoznat posao, a nekima, pride, i nova sredina.

Okretala sam se usput i svim uobičajenim načinima upoznavanja sa ljudima. Upisala sam se u joga centar, išla sam povremeno na plivanje, kao i na razne kulturne manifestacije.

Ostala mi je u sećanju jedna epizoda sa filmskog festivala.

– Moj vam je savet da se priključite nekom društvu – rekao je gospodin koji je sedeo do nas, u bioskopskoj sali. Iznenada smo, čekajući na film, počeli da ćaskamo.

– Pre ili kasnije se ti odnosi iskristališu. Ja ne volim da forsiram – požurila sam da odgovorim.

– Zaboravite evropski vid druženja. Ovde možete s kim poželite, samo morate da uđete na drugi ulaz – pričao je samouvereno. – A ako hoćete da se držite starog kontinenta, imate razna evropska društva. Ja bih vam preporučio Škotlanđane ili Ukrajince, oni su najveseliji.

– Ali ja nisam ni jedno ni drugo – bila mi je smešna već i pomisao da sam u toj situaciji.

– Moji roditelji su, poput vas, prošli te nedoumice. Iznenadili biste se kako to ovde ide. I koliko sličnosti biste sa ljudima usput otkrili. Probajte!

Moja priča o pronalasku tih važnih, ljudskih oslonaca se, na kraju, nastavila posve spontano. Njene delove sam sakupljala neko vreme, iz raznih situacija, ne umejući odmah da ih povežem u celinu.

Državljanstvo Srbije sam dobila rođenjem. Sve što je trebalo da se napravi, učinili su moji roditelji. Da bih postala i državljanin Kanade, morala sam da uradim koješta: obezbedim stalni boravak, sačekam nekoliko godina, položim ispit iz jezika i dokažem svoje postojanje na novom tlu. Naposletku, morala sam da položim ispit – poznavanje istorije, geografije, ustava i osnova kanadskog identiteta – i time stanem u red sa onima koji će biti pozvani na zvaničnu ceremoniju davanja zakletve. U našem gradu ona se dešava jednom ili dvaput godišnje i posve je prigodna svečanost: uz muziku, reči dobrodošlice, slikanje i kolače na kraju. Samoj ceremoniji je prethodio dijalog, nešto poput okruglog stola. Svi učesnici svečanosti su dobili mesto za jednim od stolova, gde je organizator imao svoje predstavnike. Sa njima smo razgovarali na zadatu temu. Za našim stolom, jednim od osam postojećih, sedeli su ljudi iz Australije, Vijetnama, Kine, Meksika, Amerike, svi pred istim licem i istim pitanjima. Drugo od tri pitanja je otvorilo diskusiju na temu pripadanja novoj zemlji i to sa jasnim ciljem: recite nam da li ste i kad osetili tu pripadnost?

Čekala sam, slušajući druge, svoj red da govorim. Bila sam radoznala da čujem kako su drugi pojedinci otkrili to osećanje. Saznala sam da su jedni pronašli nove hobije i sa članovima tih grupa uspostavili dublje veze, drugi su pokretali samostalne poslove i među kolegama i klijentima otkrivali prvi zajednički jezik, treći su se oslanjali na podršku pojedinaca i zajednica svojih rodnih nacija, koje su im pomagale da se osete dobrodošlim. Svaki čovek priča za sebe.

I onda su svi pogledali u mene. Premda nisam rekla ništa neuobičajeno, već naprotiv nešto logično, neki su se iznenadili.

– Pravu vezu sa novom zemljom počela sam da gradim onda kada sam dobila dete.

U trudnoći sam prestala da se osećam kao ona koja je odnekud došla. Sa mnogima sam odjednom, tu i sada, imala puno toga zajedničnog. Prisnost sam, najpre, našla u jednom centru, gde sam se povezala sa grupom budućih majki. Na poslu sam, potom, sve više razgovarala sa ljudima koji su bili roditelji ili su imali prinove u široj porodici. Barijere su, bez najave, sa obe strane, padale same od sebe. Ljudi su bili uviđajni, pa su naše priče postajale toplije. Ista atmosfera preselila se i u doktorsku i zubarsku ordinaciju, pred one koji su reagovali kao da smo bliski, a tek otkriveni, članovi iste familije.

Kasnije, sa bebom u naručju, promenio se i moj odnos prema slučajnim prolaznicima na ulici. Prilazili su mi, pitali koješta, komentarisali i davali nove, korisne informacije. Tako sam otkrivala druge roditelje i brojne, zanimljive lokacije u gradu. Sa njima su se širom otvorila vrata nekog velikog i šarolikog sveta. Prihvatila sam, potpuno spontano, pruženu ruku i počela i sama slobodnije da prilazim svima. Naišla sam na gostoljubivu zajednicu roditelja koji su stigli sa svih strana sveta: sa Filipina, iz Kine, Japana, Meksika, Indije, Španije, Francuske, Portugala, svih delova Kanade. Krenuli smo međusobno da se posećujemo, odlazimo u biblioteke, na radionice, letnje festivale po trgovima, na plaže. Delili smo svakodnevno iste brige i pitanja, iste radosti i otkrića. Svako je, na tom poligonu, postao igrač od kojeg si mogao nešto da čuješ ili naučiš. Držala sam otvorenim i oči i uši, usvajajući ono što mi je delovalo podsticajno. Bila sam iznenađena koliko su ljudi, s druge strane, bili voljni da isprobaju i preuzmu ono što sam ja donela sa sobom.

Onaj gospodin sa festivala je bio u pravu. Uvlačeći se dublje u naše priče, otkrivala sam, s ushićenjem, koliko toga imamo zajedničkog. U kulturama Dalekog istoka prepoznala sam iste porodične prilike i odnose, sa brojnim nacijama Evrope i Centralne i Južne Amerike sličan način življenja, sa starijim generacijama novog kontinenta isti odnos prema obrazovanju. Zajednička nam je bila i sadašnja pozicija u kojoj smo svi, bez obzira na poreklo i prilike, tražili načine kako da se, što delotvornije, nosimo sa zahtevima nepredvidive stvarnosti. Korak po korak, u tom neposrednom kontaktu, ni na površini, više nisam videla mesta za sudare. Izlazila sam u svet sa jednim osećajem, onim koji me je uvlačio u tu košnicu šaljući mi poruku da sam njen smislen i neodvojiv deo.

Nisam bila od onih klinki koje su se igrale ili maštale o tome da će jednog dana biti majke. Umela sam, u mladosti, često da kažem da u ovakvom svetu to i neću da budem. Zbog toga me je, verovatno, i iznenadio trenutak u kojem sam osetila ogromnu želju da imam dete. Provukla se ispod naslaga misli i iskustava i nenadano pokrenula lepa osećanja. Slike su same nadolazile, a sa njima je i želja rasla.

Majčinstvo me je dočekalo na novom kontinentu, usred talasa promena koje su već menjale moj život iz korena. Olakšavajuća okolnost je što, u čitavom procesu, nisam bila sama već uz supruga koji je, takođe, prolazio kroz svoj preobražaj. Svaki trenutak, ličan ili zajednički, dobar ili loš, težak ili ne, delili smo upućeni jedno na drugo. Kad je došlo vreme, isto smo se poneli i prema toj novini. Nijedan segment moje trudnoće, koju ja zovem našom, nije prošao bez njegovog prisustva: od pronalaska doktora, odlaska na zakazane preglede, provera i rezultata do nedoumica, uređenja prostora, porođaja. To je, kod nas, urodilo bogatim plodom. Bili smo, od početka, svesni promena koje će, s detetom, ući u naš dotadašnji život. Shodno ulogama smenjivali smo se kasnije u obavezama koje je donela nova rutina. Uticala je na to da sa detetom izgradimo, svako na svoj način, jedinstven odnos, ali i da se, međusobnim razumevanjem i podrškom, još tešnje povežemo.

Mimo zajedničkih trenutaka, veliki deo vremena, kao većina majki, provodila sam sama s detetom. Bila sam u potpunosti usredsređena na njene zahteve i potrebe. Dan se svodio na ritam spavanja, hranjenja, šetanja, kupanja, pa opet sve ispočetka. Prihvatila sam, bez otpora, nastale okolnosti. Utišala sam buku okolnog sveta do mere koja mi je, ubrzo, postala dovoljna. Poneki odlazak na druženje sa drugim bebama, jedan-dva nacionalna, letnja praznika, zakazan susret sa doktorkom i beskrajno duge šetnje.

S prolaskom vremena, sve je postalo življe. Uprkos zahtevnom ritmu njenih novih potreba, nisam gubila glavu.

Uspela sam da se izvučem iz gustog rasporeda sa detetovom drugom godinom života i dolaskom bake koja nam je pomagala. Tek tad sam uvidela promene u svom načinu života i razmišljanja. Uplovila sam u njih tako prirodno da mi je bilo teško da ih i samoj sebi objasnim.

Sve što se ticalo moje kćeri, poput ogledala, reflektovalo se i na mene. Sedele bismo u parku ili na plaži ne radeći, gledano sa strane, ništa. I onda bi se ona usredsredila na travu ili pesak. Mogla je da, njima zabavljena, provede dosta vremena. Posmatrala ih je očarana, okretala ih u rukama čas na jednu pa na drugu stranu, uzimala i bacala, s čuđenjem ili ushićenjem koje nisam mogla a da ne primetim.

– Šta je to, ljubavi? – pitala bih je ne očekujući odgovor. Uživala sam sve vreme u tom prizoru i njoj.

Prepričala bih, posle, suprugu epizodu kao da je dobra filmska scena, jedna od onih koje ti ostanu u glavi za sva vremena. Zanesena utiskom nisam ni bila svesna da jeste i da me modeluje na nov način.

Sve češće sam i sama usporavala prestajući da grozničavo jurim kroz dan i šibam sebe listom obaveza koje me čekaju. Stižem ili ne stižem, ali se ne opterećujem time. Usmerena na trenutak koji mi je pred očima, osetila sam da sve više uživam u svakom. Neizrecivu lepotu odjednom sam pronalazila u sitnicama kojima, do tada, nisam pridavala dovoljnu važnost: smene doba u prirodi, drvoredi ulica kroz koje sam prolazila, prijatan razgovor sa domarom zgrade, gestovi ili osmesi prolaznika. Gledala sam drugačije i na one, male porodične trenutke, koji su se ponavljali, a u kojima sam sad videla čudesa: odlasci u zajedničke kupovine, pravljenje ručka, kupanje, pevanje, slaganje kockica, mahanje Mesecu. U njima sam otkrila ne samo jedinstven, naš jezik sporazumevanja, već i priliku da se u njemu ispočetka povežemo. Nisam ni slutila kakvu ću snagu i radost crpeti sa tog izvora.

    Taj novi život, svojom svežinom i neodoljivošću, poigravao se sa mojim. U njenom prisustvu bi začas podetinjila i izgubila one oštre obrise ozbiljnosti. Puzala bih po podu, provlačila se ispod stola, skrivala se iza sklopljenih ruku, pravila grimase. Zajedno smo bile na ljuljašci, u pesku, pentrale se na tobogan, cupkale u ritmu muzike. Zabavljala sam je golicajući je, uzimajući joj na prevaru igračku iz ruku, jedući medin obrok, skrivajući drvca u džepove ili na glavi. Radila sam sve samo da joj izmamim osmeh, a on se onda, poput poljupca, prenosio na moje lice.

    Moja unutrašnja energija je, zbog detetovog prisustva, sve vreme bila usmerena na razumevanje i podršku, pa se tako preslikavala na međuljudske odnose. Rastvarale su se one krute granice prema drugima. Moj stav i ton su postajali mekši i utišani, na milion načina nežniji i pažljiviji. Nisam više žurila sa pretpostavkama niti zaključcima. Puštala sam da se svaki susret odmota onako kako prilike dozvole. Bivala sam tada, i bez jasne namere, prema svakome, obzirna i susretljiva. I to mi se vraćalo, istim reakcijama drugih ljudi, ali mnogo više, i snažnije, nekim, dotada, neotkrivenim unutrašnjim mirom.

Tako okrepljena odjednom sam poželela da svoj život, gde je potrebno ili moguće, preoblikujem i preuredim. Mesecima sam strpljivo preispitivala brojne svoje pređašnje izbore, detalje onoga što čini moju dnevnu rutinu, sve potrebe, obaveze, aktivnosti. Istraživala sam nove opcije. Konačno sam imala mogućnost da napravim brojne zaokrete. Mnogo toga mi je bilo dostupnije nego ikad. Posegnula sam za savremenim izvorima, obratila sam se stručnjacima za pomoć, pronalazila sam usput i saradnike na svom putu. Nisam marila ni za kakva ograničenja niti prepreke. – Sad kao nikad – govorila sam ulažući celu sebe. Vodila me je misao da postavljam nove temelje i stvaram podsticajnu atmosferu za detetovo, ali i moje, naše napredovanje. Sa sve vidljivijim rezultatima preplavio me je snažan utisak da tek sada stižem na novi kontinent.

U šta bih mogla da uložim svoju energiju, pitala sam se ne opterećujući se ničim što je bilo iza mene. Pristala sam na potragu. Pridružila sam se internacionalnoj školi jezika, išla sam na konsultacije za profesionalno preusmeravanje, slala biografiju i javljala se na različite ponude za posao. Prijavila sam se i da volontiram.

– Bring back play! – poručivala je jedna reklama sa kanadske televizije.

Kao da je, otrgnuta iz našeg sveta, doletela na mali ekran. Potcrtavala je važnost fizičke aktivnosti za pravilan razvoj i rast dece nižući usput prizore: klince koji se polivaju vodom, jure unaokolo, igraju žmurke, voze bicikle. Pokrenite se, bila je njena poruka. U pokretu je zdravlje, sreća i snaga!

Znam da nisam mogla danima da je izbacim iz glave i da me je iznenada podstakla da razmišljam o svim fazama kroz koje je moja kćer prolazila. Pa da, svaka je bila baš to, igra, pomislila sam. Igrala se, najpre, svojim prstićima i stopalima, hranom, igrala se mojim nakitom, punim kesama, igračkama. Gledala sam, s oduševljenjem, kako sve više koristi svoje telo i otkriva svet oko sebe.

A onda je, kao po dogovoru, stigla u širi prostor igre. Naša svakodnevica se, sa njim, odjednom toliko razvedrila i ušarenila da smo prestali da marimo koje je godišnje doba, imamo li planove, društvo ili mogućnosti. Pa šta ako pada kiša, pa šta ako je šest popodne i sami smo u parku?! Nismo poneli krede ili kantice, koga briga?!

Džinovskim koracima grabila je prema novim prostorima oblikujući ih svojim prisustvom. Utrčala bi na teren, u pesak ili na sprave u parku i spontano se pridružila drugima. Htela je uskoro i bicikl, pošle smo i na ples. Osvojila je i lokalne vozače taksi-brodića. Mahala im je sa obale i slala poljupce na šta su joj otpozdravljali trubljenjem. A kad bi ušla na brodić, zasela bi, bez straha, na pramac pojačavajući time njihovo oduševljenje. Skupila je, začas posla, brdo osmeha, šaku značaka i etiketu prave ostrvljanke.

– To sam i ja – rekla sam jedan dan suprugu dok smo je posmatrali kako jurca po parku sa drugom decom.
– Hoćeš da kažeš da te podseća na tebe kad si bila dete?! – nadovezao se.
– To svakako – tih dana duplirale su mi se slike. Činilo mi se kao da gubim realne koordinate vremena i prostora. Pred oči su mi izlazila lica i situacije koje sam zaturila na neko nedostupno mesto. I sad sam do svih, tek-tako, dobacila. Koliko sam samo novih heroja tamo prepoznala?!
– Ali ja mislim i na nešto drugo. Pogledaj svu tu decu, kao da ih neka čudesna energija pokreće i nosi. Ne znam kako to da objasnim, ali lako mi je da je osetim. Poznata mi je i bliska.
Sve više sam kćerki predavala palicu i to joj se sviđalo.
– Sad ću, mama, da te naučim kako se priča preko telefona – koristila je svaki trenutak da mi pokaže koliko je porasla.
– Uzmeš ovako i pritisneš – lupkala je po brojčaniku i puštala glasove koji su bili nerazgovetni.
– Aha. A na kom to jeziku pričaš? – pitala sam je zainteresovano.
– Na engleskom – odgovorila je ozbiljna.
– Dobro – klimala sam glavom – a da li sad mogu ja da telefoniram? Treba da zovemo veliku seku?

To je njena omiljena drugarica. Ima ih nekoliko i sve ih voli. No, ova seka je posebna. Deli ih deset godina razlike, ali da li zato što njeni roditelji govore srpski jezik ili zbog nečeg drugog, svima priča da joj je ona sestra.

– Ja ću da je zovem. Ti još moraš da porasteš – objasnila mi je.

– Pa, kad ću više da porastem? – zabrinula sam se ja.

– Za pet minuta i dva brokolija – smejala se.

– Dogovoreno – puštala sam je da odigra svoju igru do kraja.

Maštu bi joj zapalila svaka priča u kojoj je junakinja nosila njeno ime. Prekrajali smo, najpre, one poznate. Bila je jedan dan treće prase, ono mudro koje je napravilo kuću od cigala i pobedilo vuka, a drugi dan hrabri Palčić koji se suprotstavio džinu i uzeo mu čizme od sedam milja. Napravili smo i neke sa njenim imenom, pa se hvalila da je spasila Božić upalivši sva svetla na kući i obasjavši prazničnu, maglovitu noć.

Njena soba je postajala čas aerodrom, čas plaža. Postavili smo nasred nje i šator i više mi nije dopuštala da pomerim nijednu stvar.

– Nije to papir, to su medine pelene. Sutra ide na put, pa sam mu spremila – gurala ga je u korpu.

Volela sam da je gledam uronjenu u svet u kojem je sve postajalo moguće. Slobodna u svakom izrazu, i duha i tela, mamila me je da joj se pridružim.

A tamo je vrvelo od priča koje nisam prestajala da nižem. Mnoge su mi davale šansu da je ubedim da učini nešto što inače nije htela. Odbijala je, na primer, tih dana, da pojede meso iz supice, pa sam počela da koristim svaku pticu na krovovima lokalnih kuća da joj objasnim da tu stoji i vreba trenutak ne bi li joj ukrala zalogaj.

– Čim se okreneš biće bum. A ti kako hoćeš. Ona će, baki, da odnese meso preko okeana. Neće ti ništa ostaviti – i tu bi se ona trgla i odmah pojela sve iz tanjira.

A tek galebovi?! Mi kao imamo svog galeba, onog koji nas uvek čeka u našem parkiću. Dugo vremena smo učili da delimo stvari s drugarima, pa smo, i njemu, ostavljale, na ivičnjaku, po koju grisinu iz kesice. Da ima za užinu, sigurno nije stigao da kupi.

Drugi put je slušala njegovu ciku pa me je, navikla da joj prevodim s engleskog šta pričam sa ljudima, upitala:

– Mama, mama, a šta kaže galeb?

Prvo sam se smejala, a onda sam se dosetila.

– Pita te gde si dosad? – i tu bih kao zastala da čujem šta još ima da doda. – Eto, moli te da sledeći put požuriš sa doručkom. Prođe vam vreme za igru!

Umirena kao nikad pre, uranjala sam u svaki dan kao da mi je jedini. Iako sasvim običan, krepio bi me bezmerno svim što je donosio. Jutra i rana popodneva sam provodila sa detetom, tamo kud bi nas put naneo i uz društvo koje smo pronalazili. Po podne bih radila za kompjuterom proveravajući, sa većim zanimanjem, žice svetskih dalekovoda. I usred jednog takvog zateklo me je pitanje.

– Da mogu da sačuvam ovaj dan zauvek, šta bih učinila?

Toliko mi je važan. Udaljava me od misli da je, zbog svuda prisutnih strahova i tuge, nestvarna ovolika živost i radost. Ne plaši me ni pomisao da smo nasred puta u kojem je sve, pred nama, podjednako obećavajuće kao što je i zastrašujuće. Zaboravljam na činjenicu da, kolikogod danas pravila duboke otiske na tlu, već u nekom sutra me, uz nju, neće biti.

– Znam – rekla sam u razgovoru jednom strancu i dodala barem desetinu ali.

Uskoro mi nijedno nije zvučalo dovoljno dobro, jer mi radoznalost nije dala mira.

– Bring back play! – zatitralo je sve u meni dok sam spuštala ruke na tastaturu.

Nisam imala predstavu kuda će me pisanje odvesti, samo veru da je to ono što treba da učinim. U deliću sekunde vratila mi se slika jednog davnog vikenda. Videla sam klinku kako sedi u trpezariji i, dok gleda na zidni sat, grabi poslednje zalogaje nedeljnog doručka. Sinoć smo se dogovorili da svi ujutro, najkasnije do devet, budemo ispred zgrade. Nije htela da zakasni, morala je da stigne na tu prozivku. Ko će da čeka sledeću igru, pomislila je.

Spisak pojmova
(redom kojim se pojavljuju u knjizi):

„Igre bez granica" – panevropski televizijski zabavni šou, započet 1965. godine

Olaf, Elsa, Ana – junaci Diznijevog crtanog filma „Zaleđeno kraljevsto"

„Put u središte zemlje" – serija za decu iz osamdesetih godina 20. veka po knjizi Žila Verna

Mati Nikenen – finski skakač na skijama, četvorostruki pobednik Zimskih olimpijskih igara

Bioskop „Central" – jedan od nekadašnjih bioskopa u opštini Zemun

Zemun – jedna od beogradskih opština

„Isterivači duhova" – američka fantastična komedija iz 1984. godine

Zelenjak – Zeleni venac, gradska pijaca i najveća autobuska okretnica u Beogradu

Pionir – sportska dvorana u Beogradu, danas Dvorana Aleksandar Nikolić

Ulica 29. novembra – današji Bulevar despota Stefana, opština Stari grad

Gardoš – gradsko naselje i uzvišica u Beogradu, opština Zemun

SKC – Studentski kulturni centar

Beograđanka – poslovna zgrada u centru Beograda

FEST – beogradski Međunarodni filmski festival, osnovan 1971. godine

Džim Džarmuš – američki filmski režiser, scenarista, producent

Centar „Sava" – poslovni i kulturni centar u Beogradu

Boško Buha – jedan od najmlađih boraca II svetskog rata, narodni heroj Jugoslavije

Terazije – jedan od poznatijih beogradskih trgova

Knez Mihailova ulica – pešačka zona i trgovačko središte Beograda

Palata „Albanija" – prva visoka zgrada u središtu grada, spomenik kulture, 1939. godina

Dom omladine – okupljalište mladih Beograda

KST – Klub studenata tehnike, najstariji studentski i noćni klub Beograda

Brucošijada – zabava za novopridošle studente prve godine fakulteta

Mašinac – klub Mašinskog fakulteta u Beogradu

Avala Fest – letnje, kulturne i zabavne manifestacije koje je organizovala Avala film, opština Čukarica

Trg republike – centralni gradski trg u Beogradu

„Azra" – zagrebački rok bend

„Led Zeppelin" – engleski rok bend

Treći kanal – Treći program Televizije Beograd, sastavni deo Radio-televizije Srbije, 1989–2006.

„Ekatarina Velika" – beogradski rok bend

JDP – Jugoslovensko dramsko pozorište

Ulica generala-Ždanova – današnja Resavska ulica, opština Savski venac

„Ćao" – muzički časopis osnovan osamdesetih godina 20. veka

„Pop-Rock" – muzički časopis

Lido – plaža na Velikom ratnom ostrvu na Dunavu, opština Zemun

Zvezda – Košarkaški klub „Crvena Zvezda", osnovan 1945. godine

Woodstock – smatra se najpoznatijim rok festivalom ikada održanim, država Njujork 1969. godina

Gitarijada – festival rok muzike započet 1966. godine u gradu Zaječaru

„Atomsko sklonište" – rok bend iz Pule

„Bijeli klaun" – knjiga hrvatskog pisca Damira Miloša, 1988. godina

Brankov most – jedan od mostova na reci Savi u Beogradu

Domentijan – srpski srednjovekovni pisac

Dositej Obradović – srpski prosvetitelj, pisac, mislilac

Serija „Otpisani" – jugoslovenska televizijska serija nastala prema istoimenoj knjizi Dragana Markovića

Geneks – tridesetpetospratni soliter, poznat kao Zapadna kapija grada

Bulevar Arsenija Čarnojevića – ulica u Beogradu, opština Novi Beograd

Ulica Ljermontovljeva – ulica u Beogradu u kojoj se nalazi Uprava saobraćajne policije, opština Voždovac

Ulica Zmaj-Jovina – ulica u centru Beograda, opština Stari grad

Sport Bili – junak iz istoimenog američkog serijala crtanih filmova

„Variola vera" – jugoslovenski film iz 1982. godine, režija Goran Marković

Ivo Ćipiko – srpski književnik poreklom iz Dalmacije

Veneova zbirka – Vene Bogoslavov, jedan od najpoznatijih matematičara Srbije, kao i sa prostora bivše Jugoslavije, gimnazijski profesor

„Kviskoteka" – televizijski kviz opšteg znanja RT Zagreb

„JAT" – Jugoslovenski aerotransport, nacionalni avio-prevoznik, danas Er Srbija

„Palčić" – jedna od bajki Šarla Peroa

Slovo zahvalnosti

Knjigu posvećujem kćeri Irini, koja me je i podstakla da je napišem. Iako sam usput shvatila da je taj proces rastvaranja i stvaranja prvenstveno meni bio potreban, pomisao da pišem i njoj i zbog nje držala me je čvrsto na tom kursu . *I kad se, jednom, ne budemo gledale oči u oči ovi redovi poslužiće nam kao mesto na kojem ćemo moći da premostimo sve daljine i naprečac se sastanemo. Radosna bila, divna moja!*

Pisanje je od onih poduhvata koji traže posvećenost. U ovom životnom razdoblju, bez obzira na motivaciju, ne bih mogla da mu se predam da nisam imala ogromnu podršku svog supruga. *Hvala ti na brizi i razumevanju, a posebno na onim kilometarskim razgovorima koje smo vodili u proteklim mesecima. Bez tebe, znaj, papir bi čekao prazan.*

Oduvek pričam priče, ali mi nikad nije palo na pamet da neku od njih i zapišem. Naišla sam na svom putu na one koji su me podsticali da to uradim, ali sam njihove reči doživljavala kao izraz bliskosti i prihvatanja. Koristim sada ovu priliku da im na toj veri, od srca, zahvalim. *Ma gde da ste, moj naklon, dragi moji.*

Posebno slovo upućujem svojoj sestri Dragani Ćećez-Iljukić, koja je uradila lekturu i korekturu ove knjige. Neobičan je blagoslov kad u onoj s kojom deliš genetsko nasleđe imaš i duhovnog srodnika i saradnika. Znala sam u svakom trenutku da je moj rukopis u pravim rukama i unapred sam računala na svako dragoceno uputstvo i komentar. *Hvala ti na poverenju, trudu i podršci.*

Završno slovo namenjeno je dizajnerki moje knjige Irini Spica. Srećna sam što sam na kraju ovog puta naišla baš na nju, jer mi je, uz svoje profesionalno umeće, pomogla ponajviše ličnim, životnim primerom. *Hvala ti što si me uputila u svet autora samoizdavača i tako mi približila pleme novih saputnika i sagovornika.*

O autorki

Nataša Ćećez-Sekulić nije ni pretpostavljala da će jednog dana napisati knjigu. Podmirena na razne načine, od profesionalnog do svakodnevnog, njena kreativnost strpljivo je čekala trenutak zrelosti, snage i istrajnosti da je povede i u tom pravcu.

Upkost ogromnom unutrašnjem otporu, napisala je baš autobiografiju. Shvatila je da joj je pisanje bilo potrebno kako bi reanimirala svoj unutrašnji glas i iznela svoje viđenje sveta, ono koji je negde usput prestala da deli s drugima.

Nataša Ćećez-Sekulić živi i radi u Viktoriji, Kanada.

www.natasacecezsekulic.com
YouTube: Liminal World

www.ingramcontent.com/pod-product-compliance
Lightning Source LLC
Chambersburg PA
CBHW050238120526
44590CB00016B/2139